濱田浩朱

〝わたし〟が目覚める

マスターが体験から語る
悟りのお話

ナチュラルスピリット

はじめに

「わたしっていったいなんなのだろう？」
「わたしはいったいどこからやってきたのだろう、そしてどこに行くのだろう」
「なぜわたしは存在しているのだろう」

あなたも子供の頃、ふと空を見上げ、こんな思いが浮かんだことがあるのではないでしょうか？ ですが、そんなことを大人に聞いても、誰も教えてくれることはありませんでしたし、「馬鹿なことを」と笑われるか、「そんなことより勉強しなさい」と言われるのがせいぜいでした。そして大人になる頃には日々の忙しさに意識を奪われ、そんなことを考えることもなくなりました。それでもある時ふいに浮かんできます。「わたしってなんなのだろう」「なんのために存在しているんだろう」って。

「なぜ存在しているのか」、これは哲学や科学において超究極の問いかけだと言われています。20世紀最大の覚者と呼ばれるラマナ・マハルシは、「わたしとは誰か？ これが最も重要な唯一の問いだ」と言いました。

わたしたちの人生には、日々の仕事や解決したい問題、実現したい夢など重要と思われることがたくさんありますよね。それらのどれよりも「なぜ存在するのか」ということが、どうしてそんなにも重要なのでしょう？「わたしとはなんなのか」「なぜ存在するのか」そのことがわかることがいったい、わたしたちにとってどれほどの重要な恩恵があるというのでしょう？

わたしはある時、「悟り」という言葉に出会いました。そしてなぜか強烈にそれに惹かれました。それはもう仕組まれているとしか思えないような展開で出会い、そしてその経験へと導かれていきました。そして世界も人生も、実はわたしたちが信じているようなものとは、まったく違うということを知ることになりました。世界観が本当に、根底から変わるという経験がやってきたのです。それはまさに、「わたしとはなんなのか」「なんのために存在しているのか」「どこから来て、どこに行くのか」という問いへの解答でした。そのことがわたしの人生に、大転換を引き起こしたのです。

世界も人生も、わたしたちが思っているようなものとは、実はまったく違うものです。「事実は小説よりも奇なり」という言葉がありますが、この世界も、そして人生も、これ以上ないほど摩訶不思議で、そしてどんなものよりも好奇心をかきたてられるものです。この世界の、人生の背後にはいったいなにが隠されているのでしょう。これまで知らないことさえ知らなかったその領域に、いったいなにがあるのでしょう？

この本はその世界への扉です。この本を読んでいく中であなたは、なぜか不思議な発見や導きを日常の中で体験しはじめることでしょう。そしてある瞬間、「この世界って、人生ってすごい！」と気づき、驚嘆されるかもしれません。

さあ、扉を開け、あなたもどうぞ神秘的な世界にご一緒しましょう。

この本をお読みいただくにあたって

この本をお読みいただくにあたって、今からわたしが大切だと感じている二つの知恵をお伝えしたいと思います。その二つの知恵を知っていることで、今までは経験したことのなかったような、気づきと知恵が花開く体験をされることと思います。

まず、最初にお伝えしたいのは、わたしが講演の席で、必ずお伝えしていることです。
それはどんなものかというと、この本を読み進めていく中で、もしかしたら「言っている言葉はわかるけど、どこか腑に落ちないとか、ピンときにくいな」というものが出てくるかもしれません。その時は「今は無理にわからなくてもいいんだな」ということをどうぞ知っておいてください、ということです。

実はこの「今は無理にわからなくてもいい」は、わたしの人生をなによりも助けてくれた、わたしが大切にしているもっとも重要な知恵です。そしてこの知恵は、後にわたし自身理解することになったのですが、とてつもなく深遠な知恵だったのです。どうしてわたしがこんな知恵を（はじめから）知っていたのか不思議としか言いようがありませんが、まだその深遠さがわからなかった頃から、それでもこの知恵はなによりもわたしを助けてくれました。

かつて、わたしがお世話になった師たち――彼らが話す言葉は、当時のわたしにはピンとこないものがたくさんありました。中にはなにを言っているのか、さっぱり「??」というものもありました。ですがその後、絶妙なタイミングで「ああ！ あれって、このことだったんだ！」と、ストンと腑に落ちる経験を何度も何度も、本当に何度もしました。この腑に落ちる、ピンと来る、腹の底に落ちる体験は、パソコンでいうところの圧縮ファイルが解凍されるのによく似ています。

圧縮ファイルは解凍されるまでは、そのファイルがなにで、どんな役に立つのかもわかりませんし、実際役に立ちませんよね。ところが、解凍されたときには、本当に使える道具に変わっている。この圧縮ファイルは、その人の絶妙なタイミングで解凍され、開かれます。逆に無理にわかろうとすることは、例えるなら、合わないパズルのピースを無理やりハサミで形を変え、はめ込もうとするようなものです。それでは結局、絵は完成しません。そしてわたしたちが人生の中で、いろんなところで悩んだり苦しんだりすることのもっとも大きなものの一つが、この「なんとか理屈でわかりたい」という欲求(執着)、葛藤から生まれてくるものなんですね。

わたしたち(のマインド)は理屈でわかると、一時的に安心したような気になります。が、それは実は「気がする」だけで、「ああ！ こういうことだったんだ！」と気づいて実際に人生に使える知恵となり、「今まで観えなかったものがはっきりと観えるようになる」という意識の覚醒、マインドの変容とはまったく違うものです。

「今は無理にわからなくてもいい」という知恵は、努力を放棄することではありません。後にわかるようになったことですが、それは人生への信頼そのものです。そして本当に深遠な知恵なのです。この「今はわからなくてもいい」は、お伝えできる最高の知恵の一つです。ぜひ、覚えておいてください。

もう一つの知恵は、この本に書いてあることを、無条件に鵜呑みにはしないでくださいということです。

わたしの師の一人は、「いいかい、体験したことだけを話すんだよ」と言っていました。わたしはそう言われた当時も、体験したことを話しているつもりでいましたので、なぜあらためてそこまで言うのかな、と気になっていました。それが今回この本を書いていく中で、体験したことだけを表現することがなぜそれほどまでに大事なことだったのかを、深く理解していったのです。また、ある覚者は、「人が鵜呑みをやめれば、それだけでずいぶん生きやすくなるだろう」と言っていました。わたしも実体験で、そのとおりだと実感しています。

この本では、どこかで聞いてきた実際には体験していない知識や概念は、削ぎ落としています。書いてあることを鵜呑みにして頭で理解するのではなく、自分自身を、ご自身の人生を感じてください。この本を読み進めていく中で、不思議と、今までわからなかったことがふいに理解できていることに気づいたり、今までは観えなかったことが観えるようになっていることに気づかれていくことでしょう。また、この本を思い出して手に取ったとき、以前はピンとこなかったものがスラスラと入ってくるという体験をされたり、以前は難しく感じた賢者たちの本が不思議と理解できるようになっていることに気づかれることでしょう。

この本はそのように作られています。どうぞ楽しんでください。

わたしが体験してみて実感したのは、悟りに関するたくさんの書物、情報による「悟りって、きっとこんなものに違いない」「すごい体験に違いない」という思いが、かえって今ここにはじめからあった真実に気づくことを難しくしていたというものでした。

この本は、わたしの体験を分かち合わせていただくことで、「悟りが難しいもの」という思いから、「今ここ」にある真実に気づく、そのお手伝いができたらという思いから書かせていただくことにしました。

あなたの気づき、変容のきっかけとなれば幸いです。

目次

はじめに……1
この本をお読みいただくにあたって……3

「悟り」――13

1 目覚めへの誘い――23
無限の暗闇……24
悟りとの出会い……26
悟りに惹かれたもう一つの側面……28
懐かしい感覚……31

2 禅――35
禅寺へ……36
脳の構造に欠陥!?……38
幻覚……42
魔境……45
訪れた手放し……48
『ビューティフル・マインド』……50
老師はなぜ幻覚を観せたのか?……52
こころの静けさ……54

再び騒ぎ出したマインド……55
これ、知ってる！……56
禅問答……58
そのものと一体となる変容……61
「やめる」ことを「やろう」としていた……63
命がけのやりとり……65
悟りを忘れた……67
今にいる手がかり……69
よい師と出会う幸運……71
思考を体験していた……72
老師との別れ……74

3 星のない宇宙 77
なづなの参禅……78
聖者とのファーストコンタクト……80
星のない宇宙……82
雑念を止めようとしていた雑念……85

4 山篭り 87
記憶とは本当はなんなのか？……88
「それは危険ですね」……91
可笑しな幻覚……93
表出化するなにか……95
下山……97

5 潜在意識に書かれたもの …… 99
掘り起こされた記憶 …… 100
記憶の正体 …… 102
目覚めへの序章 …… 104
終わらないブロック …… 106
そうか悟りたかったのか！ …… 107
シュレーディンガーの猫 …… 110
それまでの人生の終わり …… 114
悟りへの決意 …… 116

6 一瞥 …… 119
目覚めの準備 …… 120
悟りを目標にすると悟れなくなる …… 121
一瞥の瞬《とき》 …… 123
時間のない世界 …… 126
創造を目撃する …… 128
幻想が解かれるプロセスのはじまり …… 130

7 夜明け前 …… 131
悟りの罠 …… 132
思いがけない一撃 …… 133
わたしはどこにいる？ …… 135
空間が存在する …… 138
元いた場所に強烈に引き戻そうとする力 …… 141

8 わたしとの闘い 145

わたしとの闘い …… 146
自我《エゴ》との闘い …… 147
思考と思考の闘い …… 149
思考はビールの泡のよう …… 150
闘いから降りられない …… 153

9 脳梗塞の朝 155

脳梗塞の朝 …… 156
ただ「観る者」が観ていた …… 159
脳梗塞からの復活 …… 162
肉体を流れる信号 …… 165
水槽の中の脳 …… 168
死を受け入れて眠る …… 169
実体化するコップ …… 173
脳梗塞のときに起こっていたこと …… 175
あれ？ なにを言っているんだろう？ …… 177

10 わたしからの解放 181

わたしからの解放 …… 182
なにも決めないのが一番いいんだけど …… 183
転機のきっかけ …… 186
業火 …… 188
浄化の炎～そして …… 189
訪れた自由 …… 196

0歳児の頃の記憶……197
恐竜の夢の記憶……200
砕けたレコード……202
異性に投影していたもの……203
チベット僧の記憶……207
人だけが闇を恐れる……209
自我《エゴ》を形作るもの……214
わたしを動かしていたプログラム……214
わたしを苦しめていたわたし……217
けして成功するわけにはいかなかった……219
自我《エゴ》はなぜ自我《エゴ》を手放せなかったのか？……220
自我《エゴ》というプログラムが引き起こすこと……223
そうしてそれは、手を滑り落ちた……225
そしてそこからどう生きるのか？……227

11 わたしの創造 229
わたしの創造……230
同じ発見をしていた……231
わたしはわたしを生み出していた……233
生み出したわたしが、わたしを導いていた……235
新しいわたしの創造……236
魂の殻にヒビを入れてくれていた師……237
動き出した人生……240
投影が消える……242
自我《エゴ》の崩壊……246
悟りには終わりはない……249

12 人生最大の課題 251
人生最大の課題……252
こころの闇の奥底から出てきたもの……253

絶対に言ってはいけないと思っていたこと……256
それはすごいじゃないですか！……258
人生最大の課題がクリアされる……259
自分が生涯を通してやりたいこと……261
わたしはいつも助けられている……263
悟りとは結局なんなのでしょう？……264

最終章 新しい生き方・本質の生き方 267

オレンジの光……268
自己価値の数字……272
数字のない人……273
天才の顕現……275
新しい生き方・本質の生き方……278

あとがき……283

「悟り」

まずはじめに、わたしがどのようにして「悟り」というものと出会い、その経験が訪れたのか、そのお話をさせていただこうと思います。この「経験」が、「実は人生とはどのようになっているのか」ということを、わたし自身に理解させてくれたからです。

世界も、人生も、わたしたちの多くが思っているようなものとは、実はまったく違っています。わたし自身がこのことは、人生の中で体験をしてみないと理解できなかったことでした。ですので、そのお話をさせていただきたいと思います。

わたしは幼少の頃から、「あらゆる物事は、本当の本当には、これ以上ないほどシンプルで簡単なはず」だと感じていました。大人はみんな、世の中のことをとても難しく捉えて言うけれど、「本当はこれ以上ないほど、シンプルで簡単なはずだ」と感じていました。今から振り返ってみたらそれは、感じていたというより、「知っていた」のだと思います。ですが、みんながそうであるように、大きくなっていくうちに、他の人と同じように生き、同じように競争する世界へと入っていき、そのことを忘れてしまいました。

また、わたしは幼いある日、この世界が幻であること、この世界には誰もいないことを垣間見る体験をしました。幼いわたしにはそのとき触れたものはわけがわからず、強烈で、大変な恐怖と空虚感と絶望を感じました。その体験はあまりに強烈だったせいか、記憶の奥底に封印され、数十年間忘れ去られてしまいました。しかしその原体験は、忘れ去られたように見えても、常に潜在的にどこかで感じていたのだと思います。そしてわたしを、「本当のことを知りたい」「自由になりたい」という思いへと駆り立てたように思います。

また、わたしは中学時代、「2001年宇宙の旅」という映画とアインシュタインの相対性理論に深く魅せられました。どちらも当時、とても難解に感じましたが、なぜか魅せられていました。

さて、わたしが「悟り」なる概念を知ったのは、あるビジネス系のセミナーに参加したことがきっかけでした。たまたま隣に座っていた男性と話していたとき、彼が「座禅で人生が変わった」と言ったのです。わたしは禅というものがとても気になり、惹かれました。

そしてわたしは、インターネットや本などで禅について調べるようになりました。そこで「悟り」という言葉に出会いました。そして「悟り」というものに強烈に心がひきつけられたのです。

ですが「座禅の修行って、とても厳しそう」という思いがあって、実際にはなかなか、はじめの一歩を踏み出せませんでした。実際に禅修行に行ったのは、座禅のことを知って半年後のことでした。それだけ「厳しいのはイヤだなあ」と思っていたんですね。でも不思議なもので、ある日ふいに「行こう」という思いが湧いてきました。あんなに「厳しいのはイヤだなあ」なんて避けていたのに……。「人生ってそのようにできているんだな」と今ではわかりますが、この時は「ふいにその気になった」くらいの感覚でした。

禅の修行はもちろん厳しくもありましたが、わたしの中の眠っていた、もともとあった、「あるもの」を呼び覚ましてくれました。そして座禅を通し、わたしははじめて、こころのおしゃべりが静かになるという体験をしました。こころのおしゃべりが止み、静かになる。このことがどれくらい穏やかで、冷静で、素晴らしいものかを、はじめて知ることになりました。そして四六時中浮かび続けていた「考え事」が、実はどれくらい体力を奪い、疲れさせるものだったのかを知ったのでした。

それはわたしにとって驚きの体験でした。そして体験してはじめて理解できたことでした。「頭でどんなに理解しようとしても、それは体験してみないとわからない」とよく言いますが、これは本当にそのとおりでした。

はじめての座禅から帰ってきたとき、友人が会ってすぐに、「マスターが大人になって帰ってきた！」と驚いていたのをよく覚えています（わたしはかつてバーのマスターをしていたことで、友人たちからマスターと呼ばれています）。それくらい雰囲気が変わっていたのでしょう。ですがこの時は、「悟る」ということに至ったわけではありませんでした。その後、座禅だけでなく、何十日も山に篭っての瞑想修行などにも何度も足を運びました。悟りたかったんですね。

このように書くと「ずいぶんストイックな人だなあ」って聞こえるかもしれませんが、頭では「めんどくさいなあ」って思っていたのです（笑）。それでも、なぜか行ったのです。それがなぜだったのかも、後にわかるようになっていきました。

わたしに目覚めの一瞥《いちべつ》の体験が訪れたのは、最初の座禅に行ってから4年後のことでした。きっかけは、ある気づきでした。

ある日のこと、ふとしたきっかけから、「あ、オレ、本当に悟りたいんだ！」と知ったのです。それまでも「悟りたい」とは思っていました。ですがそれは孤高のような体験で、わたしのような凡人においそれと訪れるものではないと思っていましたので、実際には、「生きているうちに悟れたらいいなあ」という憧れのようなものになっていました。ところがある日、自分が本気で悟りたかったということを知ったのです。

不思議なものです。本当の望みに気づくと、人生の流れは変わりだします。目に付く本、出会う情報が、その日から、「悟り」に関するものばかりになりました。「関心がそちらに向くようになったから」と説明はできそうですが、「もっと大きななにか」が人生の背後で動いていたのです。そして目覚めの一瞥の経験が訪れてわかったのですが、一瞥のときまでに出会った本、出会った情報はみな、その経験が起こったときの、大切なサポートになるものばかりでした。実は着々と準備は整っていたのです。今振り返ると、それは仕組まれていたとしか思えないものでした。あなたがこの本に、どういうわけか出会ったことも、そこには思考ではわからない「なにか」があるのかもしれません。

目覚めの一瞥は、覚者との不思議な出会いにより訪れました。それは常識では説明できない、出会いでした。今ならその出会いは不思議でもなんでもなく、「そうなっていたんだ」とわかるのですが、当時のわたしには奇跡としか思えない出会いでした。

よく「成功したかったら、成功者に会いに行け」というのを、耳にすることがありますよね？　覚者との出会いは、まったくそれと同じでした。ほとんどの人は「成功者に会いに行け」と聞くと、行ってノウハウや考え方を「教えてもらう」ことだと思い込みます。わたし自身がそうでした。ですがその真意は、その人の磁場に触れる、それが「なにか」を変えてしまうということなんですね。

わたしは覚者と一対一で対面し、そしてはじめてそこで一瞥を経験しました。

経験してはっきりわかったのは、これは経験しなければ絶対にわからなかったということでした。どんなに頭でわかろうとしたところで、頭では、つまりマインド（思考）ではわかるはずなどありませんでした。なぜなら、「それ」はマインドを超えたものだったからです。

同時に、それまでは座禅や瞑想をがんばっても、どうしてそこに至れなかったのかが、経験してみてはじめてわかりました。

わたしは、というより、わたしのマインドが、悟りに関してさまざまな思い違いをし、同時に、「マインドが悟ろうとしていた」のです。ですがこれも、頭ではけしてわかることではありませんでした。なぜなら「わかろう」とし、「わからない」と焦ったり、探したり、嘆いたりする、そのどれもがマインドだったからです。

一瞥のこの瞬間、「ああ、もう探す必要はないんだ」という確信が訪れました。チルチルミチルの「青い鳥」のように、それは確かにはじめから「ここ」にあったのです。

ずっと「ここ」にあったのに、それがそれまではまったく観えなかったのです。

観えなかった理由は明白でした。探していたからみつからなかったのです。ですがそれも、頭では絶対にわからないことでした。

一瞥は起こりましたが、その後もマインドの思い込みはありましたので、それが落ちていくプロセスがはじまりました。

目覚めの入り口を通ると、不可逆の流れがはじまると聞いていましたが、それは本当でした。

一旦目覚めの入り口を通り過ぎると、もう元に戻ることはできませんでした。

はじめのうちは、戻ったような気にさせるイタズラをマインドはしかけてきましたが、それでも実際には戻ることはありませんでした。目覚めが起こると、目覚める前とは人生の流れが大きく変わりはじめます。目覚める前に起こることは、「もういいかげん目を覚ましなさいよ」というような、問題や、葛藤の体験がやってきました。以前はうまくいっていたようなことが、なぜかうまくいかなくなって、「なんで!?」と感じるような体験もやってきました。

なぜそうだったのかは、今はよくわかります。それは目覚めてからは、生き方のルールが全然違ったからでした。言ってみれば、もうとっくにルールは変わっていて、だからうまくいかないのだけど、でもマインドにはそんなことはわからない。ですので、一生懸命、なんとか立て直そうなんてことを考え、やろうとするのですが、そもそもルールが違ったのです。もっともっと、これ以上ないほどシンプルで簡単な生き方があって、その簡単な生き方をすればよかっただけのことだったのですが、マインドにはそのことがわからなかったのです。

今、世の中では、たくさんの人が「大変」と言いたくなる体験をしていますが、それは「もうそろそろ目を覚ましなさい」ってことを体験しているのではないかなと、わたしには思えます。

目覚めの一瞥が起こってから、これまでの思い込みが落ちていくプロセスがはじまりました。どれも、本来のシンプルでこれ以上ないほど簡単な生き方をするのには要らないものばかりでした。すごくシンプルな人生を、マインドはまるでホラー映画かのように難しく難しく、複雑なものにわたしに思い込ませていました。

この世界はマーヤ（幻想）だと耳にはしていましたが、目が覚めてみると、どれだけありもしないことに怯えて不安になったり、すごくシンプルで簡単なことが複雑に複雑にしかみえなかったのか、わかるようになっていきました。どれもこれも、マインドが作り出していた、ありもしないホラーストーリー、でっち上げの作り話だったのです。

そして目が覚めて、思い込みというありもしない呪縛から解放されたら、なぜ天才と呼ばれる人が、ごく一握りだったのかもわかるようになっていきました。ホントは誰もが、その人にしかない、その人の個性が生かされた「才能」というものがあると、わたしは感じています。でも、多くの人はその種が発芽してくれません。それも実は社会や、生きていく中で「本当に違いない」と信じ込んでしまった、本当はありもしない思い込みによるものだったということが観えてきました。つまりマインドが語る作り話を、みなが真に受け、本当だと思い込んでいるせいだったのです。そしてわたし自身が、まったくそうでした。

思考が語り続ける作り話というか錯覚を真に受けていたために、自分にしかない才能を磨き、解放させて生きるのではなく、他の人と同じように生きるのが「幸せ」なんだと、思い込んでしまっていたのです。才能で生きるということがどんなものか、才能が解放され出してみてはじめて実感するようになったのですが、こんなに喜びが溢れ出るものだとは、思いもよりませんでした。

他人だけでなく、自分自身が感動する——それが天才性の解放された人生だと感じています。ですがそれは、世の中で「これが幸せ」とか「これが成功」という「フォーマット」に自分を合わせないといけないと思い込んでいたときには、想像もつかないことでした。

さて、わたしは中学生のとき「2001年宇宙の旅」とアインシュタインの相対性理論にとても魅せられたと、はじめにお話ししました。今、はっきりとわかるのは、それらは全部、わたしが「目が覚める」こと、そして自分の「才能」を解放させて生きることの、実は道標だったということです。わたしが人生の中でこころ惹かれたもの、魂というか「感性」が惹かれたものはみなすべて、ここにつながっていたのです。「2001年宇宙の旅」と相対性理論にわたしが反応したのは、わたしの内に反応する種、目覚めの種があったからでした。座禅に惹かれたのも、内にある種が反応したためでした。

あなたがこの本を手に取ったのも、あなたの内の目覚めの種がそうさせたのかもしれません。目が覚めてわかったのは、人生とは、そして世界とは、わたしたちが思っていたようなものとは、まったく違うものだったということです。

ホントは、その人にしかない天才性を解放して、無上の喜びとともに生きることができる。それが本来の人生だと、わたしは感じています。

2010年代に入って、「悟り」という概念がたくさんの人に知られるようになりました。そしてその経験をした人たちが、いろんなところでそのお話をするようになってきました。その多くは、これから目覚める人たちに向けた「考え方」や「生き方」のお話です。それらは経験が訪れたとき、とても大切なサポートになってくれるでしょう。

ですがわたしの関心は、その先にあります。

目が覚め、その人独自の個性が生かされた才能が解放され、表現され、創造されていく。そしてどんな美しい旋律がこの世界に創造されていくのか。そのことにとても関心があるのです。

この本では、わたしがどのように「悟り」という概念と出会い、そしてどのように目覚めの経験へと導かれ、その経験が深まっていったか、そしてその経験が、どのように人生を変えていったのか。その「経験談」を書かせていただいています。

目が覚めていくプロセスの中では、さまざまな思い込み、思い違い、錯覚により道に迷う出来事もたくさん起こってきました。

ですがそれら経験が、目覚めつつある友人たちの道標になっていることに気づき、けして無駄な経験ではなかったことに気づかされました。

この「経験」が、目覚めつつある方、これから目覚めていく方、そして経験からの知恵が深まっていく方の一助になれば幸いです。

1

目覚めへの誘い

その瞬間、すべてが静止しました
それは時間のない、まったくの静寂でした。
そしてこの時
「これは探したら、絶対に見つからなかったはずだ！」
という理解が訪れました。
同時に「もう二度と探さなくていいんだ」という理解が訪れたのです。
そして時間のない空間の中、突然創造は起こりました。

無限の暗闇

はじめのところで、わたしが悟りというものに出会い、そこに導かれたのは、仕組まれたこととしか思えないということをお話ししましたが、実はそのルーツとも言える出来事を、わたしは幼少のときに体験していました。

まだ物心ついたかどうかという幼い頃、おそらく3歳くらいのときのことだと思います。わたしはある日、外から遊んで帰ってきて、洗面所で手を洗っていました。うちの洗面所は廊下の突き当たりにありましたので、そこは行き止まりの狭い空間でした。そこで手を洗っていたのですが、ある瞬間、わたしは「なにか」に触れ、「なにか」に気づいたのです。なにに気づいたのでしょう。わたしは「ここ以外どこも存在しないこと」に気づいたのです。

廊下の突き当たりの狭い空間にわたしはいました。見えているのは洗面台と鏡、そして左右の壁だけでした。その時ふいに「ここ」しかないことに気づきました。見えている壁や洗面台の向こうには、なにもない真っ暗闇だけが無限に広がっていて、それ以外はまったくなにもないことに気づいてしまったのです。ここ以外どこもない、あとは無限の暗闇だけが広がっている。幼いわたしはそのことに気づき、ものすごく怖くなりました。見えているここ以外なにもない。向こうにはなにもない無限の暗闇だけが広がっている。そしてここには自分以外誰もいない。親も友達も、祖父母も誰も存在しない。ここ以外どこもなく、自分以外誰もいない。このことに気づいた瞬間、ものすごい恐怖が襲ってきました。そして耐えがたい絶望感が襲ってきました。

「どうしてこんなところに来てしまったの？」

「いつから自分はここにいるの？」

そんな思いがものすごい勢いでわたしの中に溢れ出てきました。

そして同時に、いつの間にか入り込んでしまった「ここ」からは抜け出られない、自分の意思ではどうにもできない。抜け出ることのできない場所に入り込んでしまった、そう思ったのです。

それは絶えがたい恐怖と絶望感でした。この時のわたしには、それがなにかわからなかったのです。無限に広がる暗闇がなにかわからなかったのです。わたしにはそれがなにかがわからなかったため、その無限の暗闇の絶対的な完全さ、絶対的な静寂が、無慈悲で無機質で、冷たく冷徹なものにみえてしまったのです。ゆえにわたしはこころのそこから恐怖し、耐え難い絶望感を感じたのでした。そしてわたしはあまりにもの恐怖と絶望感から、この体験のことを記憶の底に封印し、すっかり忘れ去ってしまいました。わたし（のマインド）は無意識にそうやって、わたし自身を守り、正気を保ったのではないかと思います。

こうしてわたしはこの体験のことをすっかり忘れてしまいました。この記憶が思い出されたのは実に40年も後になってのことでした。が、表面意識ではすっかり忘れてしまったこの体験は、潜在意識のずっとずっと奥深くで生きていたことに気づきました。

どんなに表面意識では忘れていても、こころのずっと奥底では、この体験がわたしに「自由になりたい」という思いを抱かせ、「悟り」という言葉に触れたとき、「それを体験したい」という思いを発芽させる種になったのだと思います。

幼い日に触れたこの無限の暗闇。この無限の暗闇に再会したのは、それから40年以上が経ってからでした。わたしは大人になって、再びあの日触れた無限の暗闇に再会しました。ですがこの時は、もうこの無限の暗闇は恐れるようなものではありませんでした。なぜならもうそれは恐れるようなものではないことを知っていたからでした。そしてなんとわたしは、幼い日に恐れて記憶の底に封印したこの無限の暗闇を、ずっと探していたのです。

なんとすごいジョークでしょう。わたしは自分が隠したものを、ずっと探していたのです。

ですが再会した「それ」は、その時から人生と世界の謎を解き明かしはじめてくれたのです。

悟りとの出会い

わたしが「悟り」なる言葉と出会ったのは、2005年に参加した、あるビジネス系のセミナーの席でのことがきっかけでした。隣の席に座っていた男性と休憩時間に話していたとき、彼が「座禅で人生が変わった」という話をしてくれたのです。わたしは、その話題にとても惹かれるものを感じました。なぜ惹かれたのか、後になってわかるようになったのですが、当時はもちろんそのようなことはわかりませんでしたし、それ以前に「なんで惹かれるのかな」なんて発想自体が浮かんでくることもありませんでした。ただ惹かれていました。

人生って本当によくできているなと今は思うのですが、禅という言葉に興味を抱いたわたしはセミナーから帰ると、インターネットや本などで、禅について調べはじめました。その中に「悟り」という言葉があることを知ったのです。わたしはこの概念に強烈に心がひきつけられました。そして「できるものなら、悟りたい」と思うようになったのです。「悟ったらすごいだろうな、悟ったら世界観がまったく変わるんだろうな」と思い、悟りという概念にとても惹かれていきました。

そしてそんな中でもひときわひきつけられる、あるものがありました。それは「解脱《げだつ》」という言葉でした。そこにわたしは表面的な対処や解決でなく、「問題」や「苦」の根本的な原因からの脱却、そして輪廻の輪から抜け出すという言葉を見つけました。わたしは直感的にほんとにみつけたかったものをみつけたように感じました。こうしてわたしは「悟り」という概念に出会いました。

ところが、「悟りを経験したい」と思いは抱いたものの、なかなか座禅に行くという決断はできずにいました。「修行って厳しそう」というイメージがすごくあったからです。ほら、座禅といえばテレビなんかで、後ろからバシって叩かれる映像とか見かけるじゃないですか。そのような場面を思い浮かべると、「うーん、厳しそう」「怖そう」というイメージが先立って、なかなか踏ん切りがつかなかったのです。

わたしが実際に参禅するのは、「悟り」という概念を知ってから結局半年後のことでした。「厳しそう、怖そう」という思いから、なかなか「行く」という決断ができなかったのに、ある日のこと、ふと、「あ、行こう」という思いが浮かび上がってきたのです。そして決めたら即行動していました。「厳しいのはイヤだなあ」なんて、あんなに避けていたのに。人生ってそのようにできているんだなと、今ではわかるようになったのですが、この時はふいにその気になったくらいの感覚でいました。そうしてわたしは、はじめての座禅に参禅することになったのです。ここから、わたしの人生の質は大きく変わりはじめました。やがて、この世界も人生も、今まで自分が思い込んでいたようなものとは、まったく違うものなのだということを体験し理解することの、それがはじまりでした。

悟りに惹かれたもう一つの側面

わたしは悟りという概念と出会い、それにとても惹かれるものを感じました。そこには神秘的なものに対する好奇心、みたことがない世界を知りたい、真実を知りたい、体験したいという好奇心がありました。わたしは、この世界の本当の姿は、今まで信じてきたようなものとも、目で見えているようなものとも全然違う、驚異的なものに違いないと、こころのどこかでずっと感じていました。その知的好奇心が、悟りという概念と出会ったことで呼び覚まされたのです。

そして悟りというものに惹かれたのには、実はもう一つ別の要素もありました。それが悟りについて調べる中で出てきた、「解脱《げだつ》」という概念でした。表面的な問題や「苦」の解決（対策）ではなく、苦を生み出す根本原因からの脱出。そして輪廻の輪からの脱出。わたしはそんな言葉を見つけ、それにとても惹かれたのです。

わたしはそれまでは、輪廻なるものに対して、真剣に思いを巡らせることはありませんでした。「前世をみてくれるところがあるよ、一緒に行かない？」って誘われたり、「マスターは前世がどんな人生だったのか、気にならないの？」と友人から言われることもありました。ですがわたしはそのようなことには関心が湧きませんでした。なぜだかわかりませんが、そこには関心が湧かなかったのです。ただ、今振り返ってみると、当時そのように誘われても、「それは、自我《エゴ》の強化になってしまう」と、こころのどこかで感じていたようです。当時、あまり自覚はありませんでしたが、そう感じていたのです。

ところが悟りと解脱という言葉に出会ったとき、わたしははじめて輪廻という言葉に直面しました。そしてわたしは思ったのです。その輪から脱出したいと。

わたしは幼い頃とても傷つきやすくて、いじめられたり、また人が動物などをいじめる姿をみて、こころをよく痛めていました。また他の人が傷ついて悲しんでいる姿をみると、わたしの胸も痛むのをよく感じていました。

「この世界は残酷なところ」、こころの奥深いところで、どこかそのように感じていたように思います。また、わたしは大きな事故で生死の境を彷徨ったり、肉体的に痛い、辛い体験がたくさんありました。傷ついたり、落ち込んだり、心も身体も痛い思いをする。もしまた生まれてきて同じ思いをしなければならないとしたら、それはもう嫌だと潜在的に感じていたのです。そのことが解脱という言葉を知ったことで、顕在意識にも認識されはじめたのです。わたしは潜在的に、何度も生まれ直して、はじめからまたやり直すのはもう嫌だと、ずっと感じていたことに気づきました。「何度も何度も、同じことを繰り返す、一から何度も何度も……それも果てしなく永遠に。そんなのはもう絶対に嫌だ」と、どこかでずっと感じていたのです。果てしなく繰り返される繰り返し、そこから抜け出したいとずっと感じていたのです。

またわたしはこの時期、なにを達成しても、なにを手に入れても、その喜びや満足は長続きせず、色褪せてしまうことに気がつきはじめた頃でした。それが仕事のことであろうと、お金をたくさん稼ぐことであろうと、人や社会に評価されることであろうと、どんな喜びや満足感であっても、それは一時的で、やがて、ときにはすぐに色褪せ、不満足や不足感、欠乏感や不安感が必ず訪れることに気づいたのです。

わたしは長い間、それはまだ本当の目標やゴールに辿り着いていないからだとか、まだ完全じゃないからだ、くらいに感じていました。また、この人生での目的だとか、本当にやりたいことが明確になっていないからだろうと思っていました。ですがなにを得ても、なにを達成しても、それは永遠にはわたしを満たしてくれることはなく、色褪せてしまう。そんな一喜一憂をずっと生きてきたことに気づいたのです。知人の中には、仕事中毒、目標達成中毒かのようになって、そのことに気づかないようにしている人もいました。でもわたしはなにを手にしても、その満足は一時的なもので、それは色褪せ、一喜一憂の繰り返しであることに気づいてしまったのです。満たしてくれるものを求めながら、ずっと一喜一憂を繰り返すという堂々巡りをしてきたことに、気づいたのです。

そんなときにわたしは、悟りと解脱という言葉に出会い、真実を知りたい、この世界の神秘を体験し、知りたいという知的好奇心と、同じ永遠の繰り返し、堂々巡りから抜け出したいという思いを呼び覚まされたのです。わたしにはこのコインの裏表、陰と陽とも言える二つの思いがあったのです。

懐かしい感覚

わたしは「悟り」という概念を知ったとき、なぜそれにとても惹かれたのか？

当時はそんな二つの思い、「種」があったなどとは、わかってはいませんでした。ですが、今振り返ってみると悟りとの出会いは、そしてそれに惹かれたことは、ある種仕組まれていたものだったように感じます。人生って、ホントにすごくよくできているなと思うのですが、当時はそんなことはわかりませんでした。ですが、なにか懐かしい感覚は、はじめから感じていました。

わたしは昔からお寺に行くと、懐かしさというか、親しみのようなものをいつもどこかで感じていました。それは家の庭のような、小さい頃から遊んでいたような不思議な懐かしさでした。

また、わたしが通っていた高校は京都の仏教系の学校でした。

授業の中には週に一度、仏教の授業がありました。実はその授業がとても面白かったのです。なにが面白かったかというと、その授業の内容が、「このように生きましょう」とか「こうしないといけません」というような、道徳的な価値観・考えを教えられるようなものではなくて、お釈迦さまことゴータマ・シッダールタが、どんないきさつで、どんな生き方をしたのかという内容だったのです。その生き方は、わたしにとってとても共感するものがありました。

彼は人から教えられた「教え」を聞いて納得するのではなく、「真実は、なにか」ということを求め、実際に体験し、その体験を通して理解する、体得するということをした人でした。その生き方にとても共感するものがあったのです。

B'zというバンドの「スプラッシュ」という曲に、「観念では物足りない、手触りが欲しいだろう」という歌詞が出てくるのですが、まさにそれだなと思います。世の中で信じられていることや、人が言っているからと、ただ鵜呑みにしないで、実際に自分で体験し、自分で確かめる。本当に「わかる」ということは、そのように体験を通してでしか実感できないものだと感じていたのです。

また、その仏教の授業の内容がとても面白かったので、友人たちに話すと、「なんでそんなこと知ってるの」と、笑われたりすることもしばしばありました。

たとえば、「お釈迦さんには、はじめ師匠だった人たちがいて、その人たちはアーララ・カーラマと、ウッダカラ・マーラプッタっていう名前なんだぜ」みたいな。なので友人たちからは、「なにそれ、お前、変わったこと知ってるなあ（笑）」と、よく笑われていました。ちなみにシッダールタは、この二人の師匠のもとで修行をしたのですが、しかしそこでも彼の望みが満たされることはありませんでした。

「ううん、違う、これで終わりじゃない」と、彼にはそのことがわかったのだそうです。

わたしが彼に共感せずにいられなかったのが、当時誰もが「これが真理へと至る正しい修行法」と信じ込まれていた苦行を、「これでは悟れない」と気づいてやめたというところでした。彼は何年も何年も、みなが信じ込んでいた、「これが正しい修行法」というものを、実際にやり続けたのですが、やってもやってもいつまでたっても、本当に望んでいることに至ることができないということを身を持って理解し、そして「これでは悟れない」と体験から気づきました。そしてみなが鵜呑みにしていたことをやめて、自ら真理へといたる道を見つけました。その生き方に強く共感し、惹かれたのです。

なぜ惹かれたのか、当時はわからなかったのですが、わたしの中の「はじめから知っていた」なにかと、共鳴しあったのかもしれません。シッダールタは、周りのみなが鵜呑みにして信じていた思い込みを本当ではないと理解し、やめたわけですが、でも周りの人たちにはそんなことはわかりません。なので彼は、周りの修行者から、「彼は落伍者だ」と捉えられたそうです。

それまでの常識、概念を打ち壊し、再創造する人たちは、今も昔もそのようなところを通るものなのだなあと感じます。

そしてわたしは悟りを求め、禅寺へと向かうことになりました。

2

禅

鏡の前に立つ
鏡に映るわたし
わたしが動くと、鏡の中のわたしも動く
わたしが笑うと、鏡の中のわたしも笑う
わたしが睨むと、鏡の中のわたしもわたしを睨む
わたしが止まると、鏡の中のわたしも止まる
わたしがいなくなると、鏡の中も誰もいなくなる
そして鏡だけがそこにある

禅寺へ

「悟り」という概念に出会ったものの、修行が辛そうに思えて参禅を先延ばしにしていたのに、ある日ふいに「行こう」という思考が湧き上がってきました。今振り返ると、あれはそうなっていたんだなと気づかされます。今では決断も選択も、実は個人の意思ではなく、それはどこからか湧き上がり顕れてくるものであることを、経験から理解することができるようになりました。

とにかく、行くという決断はなされました。しかもそれはどこか静かな決断でした。そしてわたしは修行のため、あのビジネスセミナーで、隣の席だった彼から紹介された禅寺へと向いました。その禅寺はお寺の意向もあり、ご紹介することはできないのですが、きっとご縁のある方は、導かれるように出会われるのではないかと思います。人生って不思議なもので、そうなるものは頭で考えようが考えまいが、そのようになるようにできているんですね。

そしてわたしは目指す禅寺へと向かいました。そこは自然いっぱいに囲まれた、山の中のお寺でした。

到着してまずはじめに、わたしはご本尊と対面し、手を合わせました。それは決まりごとだからそうするというより、たとえばその家が大切にしているものを敬う。そういう姿勢なのだなと、この時学んだように思います。

ご本尊との対面後、わたしたちは老師とご挨拶を交わしました。そしてその場で、どのように座るのかという指導を受けました。荷物を部屋に運ぶと、修行用の道着を貸していただきました。剣道のときに着るような、着物と袴です。わたしは小学生の頃、近くの警察署に剣道を習いに行っていたので、懐かしくも感じましたが、まだ到着したばかりのわたしは緊張していたこともあって、ちんちくりんに見えやしないかなあ、なんてそんなことを考えたりしていました。しかし道着に袖を通すと、不思議に身が引き締まり、こころが静まるのを感じました。

なぜこころが静まり、身が引き締まったのか？　それは、わたしの中にはじめからあったなにかが、道着に袖を通したことで呼び覚まされたように思います。着替えを終えると、わたしたちはすぐに修行を行う禅堂へといきました。ここでは即実践です。

季節は六月でした。年末年始や夏休みなどの時期は、古参の修行者でいっぱいになるそうなのですが、わたしが行った時期は平日だったこともあり、わたしを入れて男性四名、女性が一名でした。

さて、禅堂に入り、わたしも修行をはじめたわけですが、座ってみてわかったのが、まあなんとこころのおしゃべりのすごいこと。止まらない止まらない！　普段いろんなことを考えているとは思っていましたが、いざ座ってみると雑念は絶え間なく、本当に絶え間なく浮かび続けます。しかもそれは連想ゲームのように、ある考えが別の考えに変わり、そしてまた別の考えに変わる。そしてまた別の考えへと変わり、またまた別の考えに変わるという具合に、まったく途切れることなく浮かび、連想が起こり続けました。しかも雑念の最中、雑念に巻き込まれ、「雑念が出ている！」とか、「雑念が止まらない！」とかの発想さえ起こりません。ただただ考え事の世界に引き込まれ、巻き込まれ続けたのです。

「人は一日に2万以上（ある説では20万以上）の考え事をする」なんてことを聞いたことはありましたが、とどまることを知らない雑念にわたしは完全に翻弄されてしまいました。

「これは、思っていたよりずっと大変だ！」と、わたしはいきなり思い知らされたのです。

脳の構造に欠陥⁉

いざ座禅をはじめて、雑念、止まらぬ考え事のあまりのすごさに、わたしは本当にビックリしてしまいました。とめどなく、絶え間なく、まるで壊れたプレイヤーのように永遠に考え事は連想を続け、一瞬も静まる気配さえない。

「こころって、こんなにも言うことを聞かないんだ⁉」

それは実際に座ってみて、はじめて理解できたことでした。こんなにも騒がしく、そして、まったく言うことを聞かないこころの状態で今まで生きてきたことを知って、わたしは愕然としてしまいました。こころはあっちへ行きこっちへ行き、一瞬も落ち着くことがないことに、この時はじめて、はっきりと直面したのです。

そしてその日の夜、もっともっと衝撃的なことに気づかされることになりました。参禅してみてはじめて知ったのですが、禅の修行とは座るときだけのことではありません。食事をするときも、修行だったのです。ひと箸、ひと箸、ひと噛み、ひと噛み、一つ一つの動作に、静かに、注意深く気づいている。食事もそのようにとるよう言われました。

もちろんはじめは、そんな集中などできなくて、わたしはとても緊張してしまいました。こころを集中させるためではなく、怒られないように、「ちゃんとしなければ」みたいな状態でいたのです。後によくわかるようになったのですが、この「ちゃんとしなければ」という思考に、どれくらい人生を支配され、蝕まれていたのか、この時はまだ気づけてはいませんでした。この時のわたしは、それはそれはぎこちない動きで、食事をしていたと思います。それはまるで、先生に見つかって怒られないように、目立たないようにおどおどする子供のような感覚でした。

そんなある瞬間でした。老師が「濱田くん」と声をかけてきました。わたしは内心ビクッとしながらも平静を装い、「はい」と返事をしました。すると老師は、こう言いました。

「君の着物の着方だが……、表裏が逆のようにみえるのだが」

(え!?)

声こそ出ませんでしたが、わたしはこの言葉に思わずドキッとしました。まさか……、わたしはおそるおそる、自分が着ている着物に目をやりました。するとなんと! 着物の縫い目が表に見えているではないですか! そう、わたしは表裏ひっくり返った状態で着物を着ていたのです。わたしは「あちゃー! やってもうたー!」と、こころの中で叫んでしまいました。わたしはなんとか平静を装い、老師に「後ほど正してまいります」と答えました。なんとかこの場をやり過ごして、これ以上目立たないようにしようという思いでいっぱいだったのです。

ところが、そんなわたしに老師はこう言ったのです。

「濱田くん、今から言うことは、けして君を馬鹿にして言うわけではないので、まあ聞きなさい」

「は……はい」

「君はひじょうにスピードに富んだ人間だ。思いついたら即行動する、それは君の美点ではあるのだけれど……」

「は……はい……」

「だが、それにより人に迷惑をかけたことは、一度や二度ではないだろう?」

わたしはこころの中で「イタタッ!」と、思いました。ですがそれ以上に衝撃的な言葉が、その後に続いたのです。老師は続けて、わたしにこう言いました。

「……それはね、脳の構造上、そのような回路が欠落しておるのだ」

え!? えええええ!? 声には出ませんでしたが、わたしはこの言葉に強烈なショックを受けました。「ちょっと、それ、オレって欠陥品ってこと!?」

ガーンとなるとは、まさにこのことです。老師は続けました。

「いいかい、これからは一つ一つの動作を、観察、確認するということをやっていきなさい」

「そうしたら、脳が大改革を起こすんだ」

この「脳が大改革」という言葉が、どれくらい重要なことを言っていたのかは、もっと後に理解することになるのですが、この時のわたしはただただ、大恥をかいたという思いと、「オレって欠陥人間なの!?」というショックな思いでいっぱいでした。

さて、食事を終えて、わたしは歯を磨きに、洗面所に向かいました。そしてわたしは鏡に映る自分の姿に向かいながら、「ちぇ、あんなこと言われちまったよ……」と、こころの中でぶつぶつと、自分に愚痴をこぼしていました。この時はまだ老師のアドバイスより、恥をかいてしまったということの方でこころの中はいっぱいだったのです。

ところが、「あれ? なんかヘンだゾ」、わたしは異変に気づきました。

わたしは歯磨きをしていたのですが、なぜか異常に歯磨きの泡が出るのです。それはまるで洗濯物の洗剤みたいに、すごい量の泡が出るではないですか！

「なに? なんでこんなに泡が出るの!?」

わたしはその原因がなんだったのかに気づいて、目が点になってしまいました。目の前の、歯磨き粉のチューブだと思って歯ブラシに塗っていたもの、それはなんと、洗顔剤だったのです！

「げっ!! これ、洗顔やん!!」

まるで漫画のような話です！ 今しがた老師に言われたばかりのことを、わたしは今やっていることに気づいて、ホントに目が点になってしまいました。

「うわあ、これ、言われたはなから……」

わたしは自分がどのくらい無意識に生きているかを知って、愕然としてしまいました。

幻覚

座禅をしてはじめて、これまでどのくらい騒がしく、絶え間なく、とめどなく、こころのおしゃべりが続いてきていたのかに、わたしは気づかされました。そして同時に、自分がこれまでどれくらい普段、無意識の状態でいながら、そのことに気づいていなかったかということにも思い知らされてしまいました。

さて、禅修行をはじめて二日目。相変わらず雑念、つまりこころのおしゃべりは絶え間なく浮かび、終わらない連想となり、途絶えることなく続いていました。ですが、このときは気づいていませんでしたが、実は変化ははじまっていました。考え事の最中に、考え事に気づくようになりだしていたのです。

ただ、それは一時間のうち59分59秒考え事が続き、一瞬「あ！ 考えていた！」と気づく。そしてまた59分59秒考え続け、一瞬「あ！ また考えていた!!」と気づくというような感じで、ほとんどが考え事に巻き込まれているような状態でした。

しかしたとえ一瞬でも考えの最中、考えに「気づきはじめて」いたのです。ただこの時はまだ、そんな変化がちゃんと起こっているとは、気づけてはいませんでした。「あれは変化がはじまっていたんだ」と気づいたのは、ずいぶん後になってからのことでした。この時はただただ、「くそ、止まらない！」「また考えてた！」と、雑念に翻弄され続けているという認識でした。

59分59秒間、連想に連想が重なり、こころはあっち行きこっち行き、次から次へといろんな考えを渡り歩き、一瞬「あ！ また考えていた！」と気づいて、そしてそのまま「なんで考えてしまうんだ!?」とまた考えへ入ってしまう(笑)。

「なんで考えてしまうんだろう」と考え出して、そのまままた考えの世界に入ってしまっていたわけですから、今振り返ってみたら漫画みたいな話ですが、それくらい思考は無意識に放置されてきて、コントロールなどできるものではありませんでした。なにせそのように、七転八倒を繰り返しながら、雑念と格闘を続けていたのですが、ある瞬間、あるきっかけから変化が起こりはじめました。よく明るい電気や太陽を直視した後などに、目を閉じていると青とか緑とか、紫色の残像のようなものが浮かんだりしますよね。あの残像に意識が向きはじめたのです。

最初は、ボヤ～と赤や青や緑、紫などの色が、なんとなく浮かんでいる感じでした。ですが、その残像を見ているうちに、やがてそれはメラメラと、炎のような姿に変化しだしたのです。

わたしは「おー、これ、面白い」と感じていました。ちなみに、座禅では座るときは半眼が基本なのに、わたしは眼を閉じていたわけですから、どれくらい人の話を聞いていなくて、おまけに我流をしていたかということになるわけで、どれだけ無意識に生きていたのかということに我ながら苦笑してしまいます。

さて、ボヤ〜とした微かな残像だったものが、メラメラと炎のような姿になりはじめ、そしてさらに観ているると、次第に、いろんな映像が浮かびはじめました。ＤＮＡのようなカラフルな螺旋がゆっくりと回るのが観えはじめたり、曼荼羅のようなものも現れはじめました。それがとても楽しくて、わたしは次第にその映像を楽しむようになっていました。この時は気づいていませんでしたが、映像に集中し出したあたりから、こころのおしゃべりは気にならなくなっていました。そうやって次々といろんな模様や映像が、現れては消え、現れては消えしました。そしてわたしは、その映像にすっかり魅了され、ハマってしまっていました。

さて、夕食後、老師が修行の経過について、「どうだね」と聞いてきました。そこでわたしは、その映像のことを話しました。

「こんなものが見えるのですが、よろしいのでしょうか」と。

すると老師は「ほお」と笑顔を見せました。そしてわたしに「それはただ、観ていなさい」と言ったのです。

わたしは「おー、見ていていいのか！」と嬉しくなりました。

老師はさらに、他の参禅者に向かってこう言いました。

「誰か他に、濱田くんのような体験をしているものはおらんのかね？ 彼がこのような体験をしているのは、ちゃんと修行ができている証拠だよ」と。

誰もこの時、応える人はいませんでした。わたしは内心、「おっ！　オレって、すごいじゃん！」と得意げな気持ちになりました。と同時に、他の参禅者のことを「君ら、まだまだやね」なんて思いました。見事に慢心にハマっちゃったのです（苦笑）。そしてわたしは、既に楽しくて仕方なくなっていたそれら映像を、早くもっと観たいという気持ちになっていたのです。その後、このことから大変な思いをすることになるとは、この時のわたしには知る由もありませんでした。

魔境

座禅中、さまざまな模様や映像が現れるようになったわたしは、老師の「それはただ観ていなさい」という言葉もあって、思い切りその世界にどっぷりとハマってました。はじめ微細で微妙で、おぼろげで、消え入りそうなくらいだったそれら映像は、このころにはもう、色鮮やかに展開していました。くるくると回るＤＮＡの螺旋や、曼荼羅、美しく広がる幾何学模様など、わたしはすっかりそれら模様、映像に魅了されハマっていました。しまいには向こうから、虚無僧が列を成して歩いてくる映像も出てきました。

おもしろい！　すごい！　楽しい！

正確には、そんなハイな状態とは違っていて、もっと静かなこころの状態ではありましたが、でも楽しんでいるのには違いありませんでした。わたしはそれら映像に魅了され、こころ奪われ、虜になっていたのです。

さて、夕食後、老師から「その後どんな感じだい？」と聞かれたわたしは、「とうとう虚無僧の列まで現れ出したのですが、これでいいのでしょうか？」とたずねました。昨日のこともあってわたしは褒めてもらえるものと思っていたのです。

ところが！「油断しているからそんなものが観えるのだ」老師はそう言うではないですか！

え?? ……えええええ!?

思わぬ老師の言葉に、声には出ませんでしたが、わたしは目が点になってしまいました。老師の顔は笑ってはいましたが、でもあきらかにわたしは勘違いし、間違った方角に進んでいることは、老師の言葉から明白でした。

「うそやーん！ 昨日は見てていいって言うたやん！」

わたしはこころの中でそう叫んでいました。実はそれら映像は幻覚だったのです。そしてそれに捕らわれることは、「魔境」と呼ばれるものだったのです。「そういえば、参禅前の注意事項に魔境について注意があった」ということを、わたしはこの時になって思い出しました。

かの臨済も「瞑想中に仏陀や如来が現れたときは、槍で突き殺せ」「仏を見たなら仏を殺せ」と厳しく言ったといいます。それは、瞑想中にそれら神秘的に見えるものに捕らわれ、「自分はこのようなものが現れてくれるくらいの選ばれた存在だ」「自分は特別な存在だ」と思い込んでしまい、自我《エゴ》が肥大化し、道を踏み外し、ときにダークサイトへと堕ちてしまう。そのような魔境に入ることを防ぐため、そう厳しく言ったそうです。

パパジの呼び名で知られる賢者プンジャジも、かつてはクリシュナ神が目の前に現れ、それにすっかりこころ奪われてしまっていたことがあるそうです。20世紀最大の覚者と呼ばれるラマナ・マハルシは、そんなプンジャジに対し、「そのような、現れては消えてしまうようなものに、こころ奪われてどうする」とたしなめたそうですが、でもプンジャジは、はじめなかなかマハルシが言っていることが理解できなかったそうです。※このマハルシの「現れては消えていくもの」という言葉は、わたしにとってその後、目覚めを助ける重要な、とても重要な知恵の言葉となりました。

よく瞑想中に「天使や観音様が現れた」という話を耳にしたことがありましたが、それはこのことだったのです。そしてわたしはまんまと、その魔境に引っかかってしまったのです。

さあ、ここからが大変です！　一度現れ出した映像は、今度は消そうにも、まったく消えなくなってしまいました。どんなに出てこないようにしようとしても、次々と色鮮やかな映像は展開し続けます。さっきまでわたしを楽しませてくれていたそれら映像は、今度はどうしても去ってくれない、やっかいな客となり、わたしを苦しめるものに変わりました。鮮やかな映像、幾何学模様は、わたしがどんなに「消えろ」と願っても、次々と展開し、現れ続け、まったく消えてくれなくなってしまったのです。

訪れた手放し

言語として浮かんでくる雑念は出なくなったものの、色鮮やかな幾何学模様、曼荼羅、回るDNA、列を成して歩いてくる虚無僧など、それら幻覚は、なにをやっても止まらなくなってしまっていました。

そしてはじめの頃は消え入りそうなくらい弱々しかったそれら映像は、今では色鮮やかにはっきりと、くっきりと浮かんでは消え、浮かんでは消えを繰り返していました。

「くそ！ 老師、昨日は見ていていいって、言うたやん！」

わたしはこころの中で愚痴りながら、なんとかその幻覚を、無視しようと格闘していました。ですが、どんなに相手にしないようにしようとしても、まるで無視しようとすればするほど、「なんだよ、無視するなよ～」とまとわりついてくるかのように、絶え間なく現れては消え現れては消えしました。わたしは何時間も、何時間も幻覚と格闘し続けました。何時間経ったでしょう？ 太陽は傾き、気づけば夕暮れ時になっていました。禅堂には夕陽が差し込み、畳を紅く照らしていました。一日中格闘し続けてきたわたしは、もうくたくたになっていました。なにをやっても消えてくれない雑念と闘い続け、わたしは疲労困憊していました。

すっかりくたびれてしまったわたしは、ある瞬間、とうとう「もういいや」という気持ちになってしまいました。もうホントに闘うことにくたびれて、投げ出したくなってしまったのです。そして、絶え間なく現れては消える幻覚に、「もういいや、一生出続けといてくれ」と言ったのです。闘うことを投げてしまったのです。闘うことに疲れ果て、闘うことを投げ出し、放棄してしまったのです。

その瞬間でした。フッと映像が消えました。あんなに、どうしても消えてくれることのなかった映像が、フッと消えてなくなってしまったのです。一瞬で静寂が訪れました。なんの雑念も浮かんでこない、なんの映像も浮かんでこない、静けさが訪れたのです。ただそこには、夕陽に畳が紅く照らされた禅堂と、虫の声だけがありました。今あるものが、ただあるままに観えている。それだけになりました。静かでした。本当に静かでした。

なんという平和でしょう。わたしに生まれてはじめてと言えるような、静かなこころの平安が訪れました。思考、雑念が止まるというのは、こんなに穏やかで平和で、満ち足りたものなのかと、深く、深く実感しました。あんなになにをやっても止まらなかった雑念、さっきまでの激しい格闘が、嘘のように消えてなくなりました。そして理解が訪れました。わたしは雑念、幻覚と格闘し続けていました。そしてわたしは疲れ果てたとき、格闘を放棄しました。そうしたら雑念は消えてしまったのです。

闘いを作り出していたのは、実はわたしでした。格闘を放棄した瞬間、それは手放しだったのです。手放された瞬間、つまり闘う者が消え去った瞬間、鏡に映る者も消え去るように、敵も消えていたのです。敵はまさに「わたし」だったのです。わたしが闘うことを放棄したとき、鏡に映るわたしが闘うことをやめたのです。この気づきは、後々、何度もわたしを助けてくれる重要な、本当に重要な知恵となりました。数年後に経験することとなる、一瞥《いちべつ》の経験のときも、まさにこの知恵がサポートしてくれることになります。わたしはこのことがきっかけで、ある映画を思い出しました。それは実在の数学者の半生を描いた、『ビューティフル・マインド』という作品です。

『ビューティフル・マインド』

実在の数学者、ジョン・ナッシュ（1928年6月13日～2015年5月23日）の半生を描いた映画『ビューティフル・マインド』。

ジョンにはいつも、本来存在しない人間が見えていました。そして彼はその幻覚として現れる人たちが、本当に存在する人間だとずっと信じていました。ですが、様子がおかしいことに気づいた彼の妻は、彼が幻覚を見ていることに気づきます。そして彼は入院させられることになります。しかしどんな治療を施しても、彼の前に現れる幻覚たちは、あまりにもリアルで消えることはありませんでした。そして幻覚が本物としか思えないジョンは、周りの者には奇行としか思えない数々の行動をとります。妻は「もう耐えられない」と、とうとう家を飛び出そうとします。その時ジョンははじめて、いつも自分のそばにやってくる小さな女の子が、いつまでたっても歳をとらないことに気づき、ようやくそれが幻覚であることに気づきます。いつもやってくる人間たちが、実在しない幻覚だとわかったジョンですが、でも幻覚は消えてはくれません。ジョンは無視しようとしますが、無視しようとすればするほど、幻覚は「俺たちを見捨てるのか！」とまとわりついてきます。

わたしが体験した雑念との格闘も、まさにこの状態だったのです。

どんなに無視しようとしても消えてくれない幻覚でしたが、ある日ジョンは、それまでとは違う行動を取ります。それまでは幻覚を無視しようとし、そして幻覚は「無視するな」とまとわりついていたのですが、この日ジョンは「君たちは本当にいい友達だった、だけど、もうさよならなんだ、今までありがとう」と幻覚に語ります。このシーンは、思わずジーンとして涙が出そうになるシーンです。その日からも、幻覚は現れ続けましたが、だんだん、以前のような激しいまとわりつき方はしなくなっていきます。結局幻覚は消えることはなく、数十年後、彼がノーベル経済学賞を受賞する授賞式の会場にも、幻覚たちはいました。ですが、幻覚たちは遠くから見つめるだけで、もう近づいてはきません。

雑念もこれとまったく同じでした。そしてそれは、目覚めの経験後も同じでした。以前は、悟ったら一切考え事は出なくなり、いつも静寂の状態なのだと思っていました。ですが、20世紀最大の覚者と呼ばれるラマナ・マハルシもマインド(思考)はやってくると言っています。ただ、マインドと闘わなくなるのです。闘わなければマインドはおとなしく、声も小さくなり、やがて弱体化していきます。そしてただ通り過ぎていきます。と同時に、マインドはいろんなことを語りかけては来るけれど、それだけで実はなんの力もなければ、マインドが語りかけてくるお話は本当ではないと、もう既に知っているので、マインドのドラマには巻き込まれなくなります。

世の中にはこの映画のように、目覚めをサポートしてくれる作品たちがあります。この『ビューティフル・マインド』は、まさにわたしに、大きな助けとなってくれた作品でした。

老師はなぜ幻覚を観せたのか？

わたしが雑念、そして幻覚と格闘することをやめたとき、まるで鏡の前からいなくなったら、鏡に映る自分もいなくなるように、雑念、葛藤は消え去りました。

あんなに大変だったのが嘘のように、平和な静寂は訪れました。敵は自分だという言葉がありますが、それが本当なのだということをわたしは経験から、はじめて理解しました。

さて、老師に幻覚のことを話したとき、「それはただ観ていなさい」と言われました。なぜあの時、老師は、「こら、それは幻覚だぞ！ そんなものにうつつをぬかすな！」とは言わなかったのでしょう？ 今ならそれがなぜだったのかが、わかります。

老師は「ただ観ていなさい」と言っていたのです。

「それを楽しめ」とも「虜になれ」などとも、一言も言ってなどいませんでした。「ただ観ていなさい」と言ったのです。とらわれることなく、巻き込まれることなく、ただそれがそこにあることを、現れては通り過ぎ、消えていくさまを、ただ観ていなさいと言っていたのです。それは目覚め後にも活きる、マインドとの付き合い方そのもののことでした。ですがこの時のわたしには、そんなことは察しようもあるはずもなく、まんまと巻き込まれてしまっていたのです。今振返ってみると、老師はわざと幻覚を観せたのだなと思います。あのような幻覚が現れてくる状態は、実はものすごく集中している証拠だったのです。

ひじょうに集中した状態に入っていたので、そのまま集中を続けさせたのでしょう。そして「油断しているから、そんなことになるのだ」と、わざと失敗を経験させ、それを笑いとばすことで、「あ、これ、ハマってはいけないものなんだ！」と経験して理解する。その経験からの理解をさせたのでしょう。それにあの時「そんなものにとらわれるな！」と怒られたとしたら、「やってはいけないこと」になってしまい、我慢することになり、「経験からの理解」とはまったく違ったものになっていたでしょう。そして幻覚がどうやったら止まるのかということも、いくら理屈で説明を聞いたところで、実際にその〝勘〟をつかめなければただの知識にしかならず、使える生きた知恵にはならない。だから、わざとあんな体験をさせたのだなと思います。

そして実際この経験は、その後の人生を本当に助けてくれる、貴重な、貴重な知恵を、授かる経験となりました。

こころの静けさ

どうしてもやむことのなかった雑念が静まる体験が起こり、とても穏やかな座禅ができるようになりました。静かに、ゆっくりと呼吸し、そのことに静かに意識が気づいている。こころ穏やかな修行の中にわたしはいました。それはいまだかつて一度も経験したことのなかった安らかな冷静さ、穏やかさ、平和でした。

こころのおしゃべりにとらわれない。

これがどれだけこころ安らかで、穏やかで素晴らしいものなのかを、体験してはじめて知りました。同時にそれまでの、なんとこころのおしゃべりの凄まじかったことか。静かになってはじめて、どれだけそれまでマインドがマインドに振り回されていたかがわかりました。

まさか、あんなにも騒がしかったとは！　同時にわたしは、マインドに振り回され続けることがどれだけ体力を奪い、疲れさせるものだったのかということも、巻き込まれなくなってみてはじめて理解できました。頭のおしゃべりに巻き込まれ続けること、それはとても疲れるものだったのです。マインドに巻き込まれ続けることは気力を奪い、体力も奪うものでした。マインドが静かになってから、わたしは以前のようにはぜんぜん疲れなくなっていることに気づきました。それだけマインドが動き回ることは、エネルギーを浪費することだったのです。

こころ静かな状態。

それは想像していたようなものより、ずっとずっと冷静で、平和で、穏やかで、静かに満たされたものでした。わたしはそんな平和と穏やかさと、研ぎ澄まされたかのような冷静さの中、修行を続けていました。静かな穏やかさの中にくつろいでいました。それは本当に楽で心地よい体験でした。

ところが、しばらくすると、またマインドが騒ぎはじめたのです。あんなに静かで平和だったのに、なぜまた騒がしくなりはじめたのか。わたしはその後すぐ、その理由を知ることになりました。

再び騒ぎ出したマインド

「あんなに静かだったのに！」

わたしはなんとか、あの静けさを取り戻そうと、真剣に座禅に集中しました。呼吸に集中しようとし、雑念を消そうと、またしはじめたのです。ですがひとたび騒ぎ出したマインドは、思うように引っ込んではくれませんでした。この時はまさか、なんとかしようとすればするほど、難しくなるものだなんて見当もつきませんでした。わたしはこころを静めよう静めようとしながら、どんどん手に負えなくなる雑念に手を焼いていました。そんな格闘をまたはじめたその日の夜、他の参禅者の方が同じような状態にあることを老師に相談しました。

「また雑念が騒ぎはじめ、止まらなくなった」その方はそう老師に言いました。

すると老師は、こう言いました。

「前は静かだったという思いが、今の状態と比較しているのだ。あの静かな状態がいい状態で、今の状態はダメだと、今と過去の記憶とを比較し、今から離れておるのだ」と。

そう、わたしはこころ静かないい状態だった時の記憶を思い出し、今の状態はダメだと判断し、そしてあの状態を取り戻そうとしていたのです。ですが、そのことはわかったものの、どうしたらいいのかは、この時のわたしにはわかりませんでした。ただ格闘し、格闘の中で自ら発見していくしかなかったのです。

やがて、静けさは意外な形で訪れました。それはとても意外な形で訪れたのです。

これ、知ってる！

わたしはなんとかこころ静かな状態を獲得したくて、格闘を続けました。そんな日の午後、わたしは修行のため禅堂へと向かいました。禅堂には聖僧様の尊像があり、修行者たちはまず座禅を組む前に線香に火を灯し、尊像に手を合わせてから座っていました。ちなみに、線香の燃える時間はちょうど30分で座る時間の目安となります。

さて、わたしはこの時も、いつものように線香に火を灯し、尊像に静かに手を合わせました。その瞬間でした。わたしは、こころがスッと静かになっていることに気づいたのです。こころのおしゃべりが、まるで中心に収束していくように、スッと静かになりました。なにがそうさせたのでしょう？　この時わたしは、静かに手を合わせました。その動作の中、わたしは静かな動き、動作そのものになっていました。そしてこころはスッと静かになったのです。

その瞬間でした。わたしは「あ、これ知っている」と思いました。そしてずっと忘れていた、あることを思い出したのです。

それはわたしがまだ、小学校の三年生くらいの頃のことです。わたしは夏休みで外に遊びに行っていて、そして家に帰って来ました。外から帰ったわたしは、いつも冷蔵庫の冷えた麦茶をコップに注いで飲んでいました。そんな中、なぜかたまに、とてもこころが満たされた状態になっていたのです。それはとても深い充足感でした。

なにも求める必要のない、ただ存在しているだけで満たされている。それは素晴らしい充足感でした。もちろん当時のわたしは、なぜそのような状態が起こるのか、全然気づいていませんでした。ただ、「お！　今日は調子いいな」と感じるくらいでした。

それが、禅堂で手を合わせ、スッとこころが静かになったとき、わたしはなぜ子供の頃、あの満たされた状態が起こったのかが理解できました。当時は気づいていませんでしたが、「満たされる」その感覚が起きていたとき、静かにコップを置き、静かに麦茶の容器に手を添え、静かに麦茶を注ぎ、そして静かな動作で飲むということをやっていたのです。

普段は冷蔵庫から麦茶を出すと、無造作にドボドボと注いで飲んでいたのですが、こころ静かに満たされていたときは、静かに動作と一体になっていたのです。それは茶道の作法の、あの静かな動きでした。丁寧に、動作そのものとなっていたとき、マインドの動きが静かになり、満たされた、透明で、高貴な充足感が、わたしを満たしていたのです。

それは静かで神聖さに満ちていました。

このことを理解したとき、わたしは茶道、剣道、柔道、書道など、「道」とつくものがどれも、作法をとても大切にするのがなぜなのか、その理解が訪れました。

禅問答

座禅修行の中でわたしは、禅問答を経験することになりました。

禅問答というと、なにかわけのわからない、とんちのような印象ってありませんか？　そして実際はじめは、わたしにもさっぱりわけのわからないものに聞こえていました。

はじめて老師から問われたのは、「濱田くん、歩くとはどういうことかね」というものでした。

わたしは「そうだ! 歩くとは、歩くこと、つまりそれ自体は意味がないということだな」と思いつきました。

そこで老師に「歩くとは、歩くことです」と答えました。そうしたら老師から「ほほお、こいつはなかなか切れ者だな」というふうに言ってもらえるのではと思ったのです。ところが老師からは、「頭で考えるから、そのようなことになってしまうのだ」と笑いながら一蹴されてしまいました。

え!? じゃあどういう意味?? わたしにはさっぱりわかりませんでした。もちろん、答えなど教えてはもらえません。自分で気づくまで、そのままです。

次に問われたときは、「濱田くん、味噌汁の味はどんなだい」と聞かれました。

わたしは条件反射的に、思わず「美味しいです」と答えてしまったのですが、返ってきた言葉は、「バカもん」とこれまた一蹴。

次に問われたときなどは、老師は自分の顔の前で手をパンと叩き、「これはなんだね」。

もうさっぱり「???」です。

帰ってから友人にこのことを話したら、「それ、答えなんてあるの?」と聞かれましたが、ちゃんと答えはあるのです。それはあるものが、あるままに観えるようになると自然にわかるものだったのです。ただ、わたしたちはあまりにも、あるものがあるままには観えず、複雑に複雑に、難しく難しく考え、ゆがんで観え、ゆがんで聴こえるようマインドが条件付けされているため、このシンプルな問いのシンプルな答えが、わけのわからない意地悪なとんちのようなものにしか聴こえないのです。

わたしは、あるものがあるままに観えた瞬間、それまでどれだけ物事や世界がゆがんで観え、ゆがんで聴こえてきたかに気づき、本当に愕然としてしまいました。よく賢者や覚者たちが「ほとんどの人は、幻想を現実だと思い込んでいる」とか、この世界はマーヤ（幻想）だと言ったりするのを耳にしていました。あるものがあるままに観えたとき、それはまったくそのとおりでした。ホントはこれ以上ないほどシンプルなものが、とてつもなく複雑に意味づけされ、あるものがまったくあるままには観えないし、聴こえなくなっていたのです。

よく、意味づけされすぎて、本来の姿がわからなくなったことを「手垢がついて」という表現をしますよね。あるものがあるままに観えなくなっている状態って、言ってみれば、実際の現実ではなくて、「手垢」を現実だと思い込んでいるようなものだったのです。ですがこのことが理解できるようになったのは、ずっと後になってのことでした。あるがままの世界が観えたとき、それまではまったく、世界も物事もありのままになど観えていなかったことがわかり、本当に驚きました。本当に、まったくありのままになど世界は観えていなかったのです。幻想を現実だと思い込んで、それが世界だと思い込んでいたのです。それはもう驚愕としか言いようがないほどの驚きでした。

禅問答の解説をしてしまうことほど、人が自分で気づいたときの価値を台無しにしてしまうものはないと思いますので、解説や答えは、話さないようにしています。でも、本当に、世界や物事があるままに観えるようになると、自然と答えはわかるようになるものだったのです。

そのものと一体となる変容

わたしは禅堂でこころがスッと静かになったあの時から、こころとは一瞬で静かになることに気づかされました。そしてそこからまた、こころ静かな座禅を組めるようになりました。禅の修業は座るだけが修行なのではありませんでした。すべての時間が修行。歩くときも、食事のときも、食事を作るときも、庭掃除のときも、トイレに行くときでさえも、すべてが修行であり、そして実践でした。

「すべての時間が修行」と聴くと、息つく間もなく緊張し続けなければいけないように聴こえるかもしれませんが、実際にはその逆でした。それは人生のすべての場面で、禅が活きるということだったのです。歩く、食べる、掃除する、トイレに行く。そんな生活のすべて、日常のすべての場面でこころ静かに、穏やかに、そして集中して過ごせるということを、この修行でわたしは知ることになりました。この修業はわたしにとって、日常をこころ静かに穏やかに、冷静に集中して過ごせるこころを作り上げる（収束させていく）ものでした。そしてその後、掃除や仕事もとても集中し、効果的にできるようになっていったのです。修行の期間中には、庭の草抜きの仕事もしました。草抜きはいつの間にか集中し、夢中でやっていました。そして草抜きのような、なんでもないようなことがまた、マインドを変容させていたのです。

よく一流と呼ばれるような人たち、達人と呼ばれるような人たちほど、「日常のなんでもないことこそが大事」と言います。実は日常を丁寧に、集中して関わる、行うことで、マインドは変容していくものだったのです。

老師から着物が裏返しだったことを指摘されたあの時、「一つ一つの動作を丁寧に、確認するということをしなさい。そうしたら、脳が大改革を起こすんだ」と言われていたことがなにを指し示していたのか、実際に経験する中でだんだんわかるようになっていきました。

こうやって、わたしのマインドは、修行中に変容していきました。

ところが、いよいよ明日には下山となった頃から、またこころが騒がしくなりだしたのです。雑念、思考にまた、どんどん巻き込まれはじめ、それが連鎖反応となって止まらなくなってしまったのです。わたしは焦りはじめました。明日には下山なのに「このままじゃ悟れない」と。この、「このままじゃ悟れない」という考えが、そもそもクセモノであることは、この時のわたしにも薄々は観えていましたが、騒ぎ出したこころは荒れ狂いはじめ、どうにもコントロール不能に陥ってしまったのです。

「やめる」ことを「やろう」としていた

ふたたび騒ぎ出した雑念は荒れ狂い、どうにも手につけられない状態になっていきました。ある考えが浮かび、その考えが別の考えへと変わる。そしてその考えが別の考えを生み出し、というように、次々と考えの連鎖反応は起こり、とめどなく雑念に巻き込まれ続けました。きっと以前は、普段のこころの状態がこのような状態で、それが当たり前になっていて、マインドが騒がしくなっているということにも気づいていなかったことと思います。ですが、こころが静かになるという経験をしたことで、こころが騒がしいときに騒がしいということがわかるようになりました。そしてこの時はマインドが騒ぎ続け、それが止まらない状態になっていたのです。

わたしは何時間も何時間も、この雑念と格闘しました。この修行期間中に「諦めて手放す」ことで静まるということは、もう既に体験したことでわかってはいました。ですがこの時は、それも通用しなかったのです。

なぜ通用しなかったのか？ そこにはマインドの「駆け引き」がありました。マインドが「手放す」ということをし、そして手放されたことによる結果を期待し、静まったかどうかを「確かめよう」としていたのです。静まったかどうかを確かめるこころの動き。これもマインドの動きそのもので、単純に、考えるのを「やめれば」よかったのですが、この時のわたしにはそのことがわかりませんでした。

「どうやったら考えが止まるのだろう」と「考え続けている状態」だったのです。

わたしが陥っていた状態がよくわかる、あるエピソードがあります。

以前、お世話になった整体の先生のところに行っていたときのこと、カーテンの向こうから先生の声が聴こえてきました。

患者さんがどうも緊張されているようで、「身体が硬くなっていて、このままじゃ施術できないので、力を抜いてください」、先生はそう言いました。

するとその方は「力の抜き方がわかりません」と答えました。

そこで先生は「力というのは、なにかを『しよう』とするときに入るものだから、なにもしようとしないで」と言いました。

するとその方はこう言ったのです。

「なにもしないって、どう『したら』いいんですか」

まるで漫画みたいな話ですが、でも当の本人には、自分がとてもおかしなことを言っているとはわかりません。そして、この「やめる」ということを「しよう」とするのが、実はマインドの働き、からくりそのものだったのです。わたしもまったくこの状態でした。ですがそんなことは、この時のわたしにはわかりませんでした。とにかく雑念を止めたくて、「どうやったら静まるんだ!?」

と考え続けていたのです。

老師は「いつでも聞きたいことがあれば、部屋に来なさい」と言っていました。「これはもう、老師に助けを求めるしかない」と、わたしは思いはじめました。今の自分だけで格闘していても、この状態からは抜け出せない。そう思いはじめたのです。

老師は「いつでも来なさい」と言っていたのですが、わたしはこの時まで、行こうという気になったことはありませんでした。実は、なんだか校長室に行くみたいで、なんとなくイヤだなあと感じていたのです。今から振り返ってみるとバカだなあって話ですが、この頃のわたしはそんなことが気になっていたのです。しかし、「これはもう、自力ではダメだ」と思い、ついに老師の部屋にアドバイスを求めに行くことにしました。そしてこの後、わたしは人生においての、とても大切なことに気づく経験をすることになったのです。

命がけのやりとり

それまでは、まるで校長室に行く小学生のように感じて、老師の部屋に行くのをためらっていたわたしでしたが、いざ老師の部屋に向かうと、とても静かで神聖な気持ちになっていることに気づきました。緊張もしていたのですが、同時にそんな静かな気持ちにもなっていたのです。わたしは老師の向かいに座り、こう言いました。

「おそらく悟りたいという気持ちが強すぎるのだと思うのですが、どうにも雑念が収まりません、どうか助言をお願いします」と。

すると老師は、こんな話をしました。

「あれは、わたしが海外で講演したときのことなんだが、科学者や、医学博士などと一緒にパネラーとして登壇していてね、質疑応答の時間になったんだ」

「……」

「するとパネラーの一人の医学博士が、わたしに『質問をよろしいですか？』と質問してきたんだよ。そして彼はこう聞いてきた。『治りたい、治りたいと言う患者ほど治りが遅いのです、それはなぜなのでしょう？』そこでわたしは、こう答えたんだ。『治りたい、治りたいと言うのは、医師にかかるまででしょう、そこからは医師を信頼するだけですよ』ね」

老師はわたしにそう話してくれました。

その瞬間でした。わたしは雷に打たれたかのように感じました。わたしはこの道場に来るときに、ここで言われることを、言われるとおりにしようと思っていました。わたしは座禅のことはなにも知らない初心者として、ここにやってきました。

ですので、老師の指導どおりにやろう、けして我流はやるまい。信頼してゆだねよう。

そう思ってきたつもりでいました。

ところが、老師のこの言葉を聴いた瞬間、わたしは老師を信頼しゆだねているつもりで、完全にはゆだねていなかったことに気づいたのです。どこかでまだ、自分というものを、守っていたのです。我流はやるまい、そう思いながらも我流をしていたのです。

そのことに気づいた瞬間、わたしは老師がここにいる間中、真剣にわたしのことを観ていてくれたこと、命がけで関わってくれていたことに気づきました。その途端、涙が溢れ出してしまいました。わたしが自分というものを守ったままで、我流の中にいた最中も、老師は命がけで真剣に関わってくれていたんだと気づいたのです。

老師には泣き顔をみられないよう、できるだけ涙はこらえましたが、それでも涙は頬をつたいました。わたしは「ありがとうございます」と答え、静かに礼をしました。そしてふたたび禅堂へ向かいました。

悟りを忘れた

これまで老師が修行の間中、わたしのことをずっと見守っていてくれたこと、命がけで関わってくれていたことに気づいたわたしは、そう気づいた瞬間、涙が溢れ出してしまいました。

そして、そこからわたしは、「悟りたい」という思いを忘れました。「悟りたい」という思いが、執着が、するりとわたしの手から滑り落ちていきました。

只管打坐《しかんたざ》という言葉があります。目的を持つことなく、ただ座る。わたしたちは日常これまで、なにかをするとき必ず「なぜそれをするのか」という理由や目的を持つことに慣れ親しんできました。そしてその目標に向かってなにかをすることが大切と、学んできました。〇〇を達成するため、〇〇を実現するため、〇〇を可能にするため。これまではいつも、なにをやるにも、そこにそれをやる理由と目的、そして目標がありました。

しかし座禅では、けして悟ることを目的にはしません。目的なく、理由なく、ただ座る。わたしは「悟ることを目的にして座禅をしないこと」ということを、はじめに聞かされていました。ところがいつの間にか、わたしは「悟るため」に座っていたのです。自分では気づかないうちに、悟ることを目標にし、座っていたのです。いつの間にか只管打坐から外れてしまっていたのです。

ですが老師の言葉に触れ、わたしは「悟り」のことを忘れました。そしてただただ座ることに徹するようになったのです。なによりも老師と話して、「悟りたい」という願望などよりも、ずっとずっと大切なことを思い出させてもらった気持ちでした。あたたかいもの、尊さ、真摯さ、誠実さ。人前ではついついおちゃらけて、人の顔色が気になって仕方がなかったわたし、そんなわたしに感謝の気持ちというものが湧き上がってきました。

「こんな神聖な気持ちが、自分にも湧き上がってくるのか」

それはこの参禅で、わたしにとって、もっとも大きな宝になったように思います。

わたしは修行中、禅堂だけではなく、よく外の縁側で座っていました（許可されていました）。緑の山々が眼前に広がる縁側で、わたしは座禅をしていたのです。禅堂にあまり姿を現さないわたしを、一緒に参禅していた友人は、「修行を投げたな」と思っていたそうです。この時のわたしは縁側でも、禅堂でも、歩いているときも、食事のときも、常に感覚に気づき、その中にいました。老師は、食事のときや、廊下ですれ違うときなど、「調子はどうだい」と声をかけてくれたのですが、その度に涙がじわっと溢れてきてしまって、「お願い！　老師、もう泣かさないで！」なんてこころの中で思っていました。

「悟る」ことを忘れた頃、その後のわたしにとても大きな助けとなる、ある変化が起こりました。身体の〝感覚〟に気づきはじめたのです。呼吸するたび、身体に起こる呼吸時の胸の辺りの感覚。思考の騒がしかったわたしには、はじめ全然気づくことのできなかった、身体の感覚。それが微細ながらも、感じられるようになってきたのです。

今にいる手がかり

「悟りたい」という思いをようやく忘れることができたわたしは、初心に戻った気持ちで座禅を組むことをはじめました。その中でわたしは、それまでは気づくことのなかった「今にいる」

ためのとても大切な「手がかり」を発見しました。呼吸に意識を向ける中、胸のあたりに起こっている呼吸時の身体の感覚、その感覚に気づきはじめたのです。

わたしたちは常に身体に感覚が起こっています。コップを手に持ったときの手の感触、風が頬をなでる感覚、腕を曲げたときの関節の感覚、皮膚の感覚、一歩一歩、歩くときに足の裏で感じる感覚、キーボードを叩くときの指先の感覚。なにをするときにも、なにもしていないときにも、常に身体には感覚があります。

それまで気づいたことはありませんでしたが、身体には常に感覚があったのです。それら感覚には名前はありません。それをわたしは、それまで熱いとか冷たいとか、くすぐったいとか気持ちいいとか、名づけてきました。しかし、それら感覚には本来、名前はありません。名前はなく、ただ感覚だけが、いつもそこにあったのです。その名もない感覚、それに気づきました。それまでは考え事に巻き込まれ、そこにばかり意識が向いて気づくことのなかった、身体に起こっている微細な感覚。その感覚に気づいたのです。

一呼吸、一呼吸に感じるその微細な感覚はとてもとても心地よいものでした。そして微細な感覚に気づけば気づくほど、それが微細で繊細であるほど、こころのおしゃべりを忘れ、こころは静かに、澄んでいきます。座禅の最終日、わたしはこの身体に起こる微細な感覚の心地よさ、そして澄んだ静けさに気づけるようになっていました。

なぜ身体の感覚に気づいていると、こころは静かになっていくのでしょう？　映画『燃えよドラゴン』（1973年）の中でのブルース・リーの有名な台詞に、「考えるな、感じろ」という言葉があります。感覚は「今」にしか存在しない。今感じている感覚は、「今」の感覚です。さっきの感覚や未来の感覚を「今」感じることってできませんよね。今感じている感覚は、今にしかありません。

感覚に気づいていること。感覚に名前をつけることなく、分析や解釈をすることなくただ気づいているとき、こころは今に収まり、静かに、透明に澄んでいく。もちろん、この時のわたしにはまだ、そんな深い理解はありませんでした。ただ「手がかりを見つけた」、そんな気がしていただけでした。そしてそれは、その後大きな財産となっていったのです。

よい師と出会う幸運

呼吸の中、身体に起こっている微細な感覚に気づいたわたしは、微細な感覚の中の微細さに気づいていくほど、こころが静かに澄んでいくことにも気づきました。これは、教えられてわかることではありませんでした。座禅修行の中、「気づく」ということが起こってきて、そして理解が訪れてきたのでした。

老師は最低限の注意事項を話したり、道から外れたらそのことに気づかせてくれたりはしましたが、答えのようなものは一切話さず、また必要以上のアドバイスはけしてしませんでした。

思えばわたしがお世話になった師たちは、けして安易に答えを言うことはなく、自分で気づくことの大切さを背中で見せてくれる人たちでした。先生という言葉は「先」に「生まれた」人、そして「先」を歩いて「生きる」人。わたしのよい師となってくれた人たちは、自分を「師」と呼ばせ、わたしを「弟子」と呼ぶ人はいませんでした。みな、対等に扱ってくれ、対等に生きてみせてくれた人たちでした。そんな貴重な存在に何人も出会えたわたしは、とても幸運だと思います。座禅の老師も、そんな一人でした。

本人が人生の中で、自分で気づき、発見し、そして自らの経験を通して理解する。そこに本当の「生きた知恵」が生まれる。もっとも大切な生き方、在り方ではないかと感じます。そして目覚めとは、個人を超越した、個人など存在しないということを悟る体験でありながら、個人として、つまり自分で体験し、知ることしかできない。

目覚めとは、この自分で体験し、自分で気づくことでしか至れないものでした。

そしてわたしは、一週間にわたる座禅修行を、終えようとしていました。

思考を体験していた

一週間にわたる座禅修行を終え、下山する日がやってきました。不思議なものです。以前のわたしだったら、こんな日は、「ああ！ やっと帰れる！」と解放感に喜んだり、逆に名残惜しさにしんみりしてしまっていたものですが、この日はいつもとなにも変わらない朝でした。ドラマチックな気分が起こらない、それよりも、とても静かな冷静さ、静かな満足に満たされている感じでした。

修行を終えるときがきて、わたしは老師の部屋へと呼ばれました。わたしはここで不思議に感じていたことについて、老師に質問をしました。

「修行の後半、神経が研ぎ澄まされているのか、なかなか寝付けず、睡眠時間がとても短かったのですが、全然身体は辛くないのです。これは、寝ていないからというストーリーと、身体のしんどさというものが、物語として結びつかなくなったからでしょうか」と。

すると老師は「そのとおりだ」と答えました。そして「だからいくら(酒を)飲んでも酔わんのだ」とも言いました。

この時は「いやいや、それは言い過ぎだろ(笑)？」などとちょっと思いました。しかし、思い起こしてみると、禅修行の後からはお酒を飲んで気持ち悪くなったことがないのです。以前は忘年会などで飲み過ぎてしまったとき、景色がぐるぐる回り気持ち悪くなったりすることがありました。それが禅修行以来、悪酔いをまったくしなくなったのです。

わたしはこのことを通して、こころの状態だけでなく、身体の状態もマインドが作り出していたんだということに気づきました。

思考は現実化するといいますが、まさに、思考を体験していたのです。

老師との別れ

一週間の座禅修行を終え、下山するときがやってきました。

「お世話になりました」

わたしは老師に深々と礼をしました。

「また来なさい」

老師は笑顔でそう言ってくれました。

わたしは荷物を持ち、出発しました。老師は玄関まで見送りに出てくれました。わたしは静かに手を合わせ、頭を垂れました。老師も静かに手を合わせ、頭を垂れました。それはとても神聖で、厳かな感覚でした。老師の顔はとても穏やかで、あたたかみと優しさに溢れていました。お互いの空間に、尊び合うこころ、崇高さが漂う、時なき時が流れているような感覚でした。

わたしは静かに顔をあげ、そしてお世話になった禅寺を背にして、山道を下っていきました。最後はなにも言葉を交わすことはありませんでした。真剣に自分と向き合い、真剣に人と関わり合い、自らの中にあった神聖さや誠実さ、畏敬の念、それが目覚める。そんな貴重な体験をさせていただいた一週間でした。こころは澄んで、とても静かでした。鳥のさえずる声、青い空に流れる雲、山々の新緑の色、それらが静かに、鮮やかに広がっていました。こんな静かで穏やかで、こんなにも崇高さを感じるのは、人生においてはじめてのことでした。

今もあまり好きではありませんが、以前のわたしは人の多い場所がとても苦手でした。そんな場所に行くと、なんだか息苦しく、ときにイライラしたりしていました。

それは人に対してイライラしているようでありながら、実は人が怖くて、そんな自分の反応が受け入れられなくてイライラしていたのだと思います。それが山を下りてからもこころは静かで、そのままの自然な自分でいられました。こんなに楽で、静かに満たされた状態を人生の中で感じられるようになるとは、以前のわたしには想像もつかないことでした。

さて、帰りの新幹線に乗ってから、一緒に参禅していた友人が話しかけてきました。

「なあ、マスター」

「なに?」

「マスターたちってな、座禅中に何度も雑念が消えへんって苦しんでたやろ?」

「うん」

「実は俺な、全然苦しくなかったんよ」

「ん?」

なんかヘンなことを言い出したゾとわたしは思いました。すると彼はこう続けました。

「雑念が浮かんでくるやろ、そしたらな、心理学のメソッドを使って、それを風船につなぐんよ」

「……」

「そしてな、それを空に上げて、空中でダイナマイトでバーンってやるねん、そしたら消えるんよ、だから俺、実は雑念には全然手こずらんかってん」

「あんたそれ……全部雑念やん（笑）！」

思わず大笑いしてしまいました。わたしもそうですが、どうしてこうも人って人の話が聴こえず、知らないうちに自分流、我流をやってしまっているのでしょう。そして我流をやっているということにも気づかないのです。わたしはホントに可笑しくて、大笑いしてしまいました。

さて、京都に戻ったら、友人が駅に迎えに来てくれました。友人の姿が見えたので、わたしはそちらの方に歩いていきました。すると友人は、まだ一言も話していないのに、わたしの顔を見てこう言いました。

「マスターが、大人になって帰ってきた！」

以前のわたしは（今も？）自分でもガチャガチャした、子供っぽいところがあるなという自覚がありました。そんなわたしのなにかが変わっていたようです。

こうしてわたしの初参禅は、終了しました。

3

星のない宇宙

月は太陽の光を映す鏡。
満月の光が浮かびあがらせる優しい野原や、山々の風景。
そこには、太陽の愛が注がれている。

こうして太陽さえも、ときに月の力を借りて愛を届ける。
そこに、実存の愛を見出す機会がある。

そして、
太陽は月の力を借りているわけでも、
月が太陽を助けているわけでもない、
それは在るがままの愛の顕れなのだ。

なづなの参禅

座禅から帰ってきたわたしの雰囲気が以前とは変わったことと、わたしが本当に行ってよかったと思っていたこともあってか、大勢の友人たちが禅にとても関心を持つようになりました。

さて、現在わたしと一緒に仕事をしてくれている仲間に、高田なづなさんという人がいます。彼女との出会いは、ちょっと不思議なものでした。わたしがあるクラスで講師をやっていたとき、彼女は参加者として参加していました。一泊二日のクラスだったのですが、クラスが終了して解散という段になって、彼女はわたしのところに挨拶にやってきました。

「今日わたし、誕生日なんですよ、今日、参加できてよかったです」

笑顔で彼女はそう話しかけてきました。ところがこの時、わたしはとても驚いてしまいました。実はお恥ずかしい話、あれ？ こんな人、参加者の中にいたの？ そう思い、驚いたのです。二日間のワークショップ、参加者は20人程。当然全員の顔を観ているはずなのに、彼女を観たという記憶がまったくなかったのです。というか二日間の間、わたしには彼女の姿が観えていなかったのでした。わたしの意識が、彼女の姿を知覚、認識できていなかったのです。わたしはそのことに、とても驚いてしまいました。なづなさんは今もそうですが、とても透明感のある、そして子供のような無邪気さもどこか感じさせる人で、その透明さから、二日間のクラスの中では、わたしには姿が観えていなかったのかもしれません。

このような出会いでしたから、なづなさんのことはとても印象に残ることになりました。また、彼女の背景も、とても興味深いものがありました。なづなさんのおじいさまはとても信心深い人だったそうで、よく夢の中に観音様が現れたそうです。おじいさまは観音様にすがるのではなく、敬う人でした。ある夜のこと、おじいさまの夢の中に観音様が現れました。そしてこう言ったそうです。「この場所に行って、地面を掘りなさい、そしてそこから出たものをみなと分かち合いなさい」と。おじいさまは、夢で言われたとおりの場所に行き、そこを掘ったそうです。するとなんと温泉が出てきたのです。そしておじいさまは言われたとおり、みなで分かち合っていたというのです。

さらに興味深いのは、彼女はそれらのことを特別なこととは感じていなかったことでした。子供の頃から観てきたことだったので、不思議なこととも、特別なこととも思ったことがなかったそうです。ですから、わたしが「それはすごい話だ！」と言ったとき、そんなふうに思ったことがなかったと驚いていたのが、とても印象的でした。

そんな彼女も、座禅で変化したわたしの姿をみて参禅した一人でした。どこか不思議な透明感のあるなづなさん。そんな彼女がどんなふうになって帰ってくるか、わたしは楽しみに待っていました。そして彼女が参禅に行って10日が経った日、友人から「なづなさん、今日帰って来るよ！」と連絡が入りました。

そこでわたしも、駅に迎えに行きました。駅に着き、カフェで先に友人と話していたなづなさんの姿を見つけたわたしは、「お帰り」と声をかけました。その時振り返ったなづなさん、その瞬間に、「あ！ なんか全然違う！」と驚きました。なんとクリアな雰囲気と空気感でしょう！ その空気感は本当に透明で、無邪気さもどこか残したままとても静かで、気品が漂っていたのです。瞳はキラキラと星がいくつも輝いていました。わたしも思わず、「なづなさんが、大人になって帰ってきた！」と唸ってしまいました（笑）。実は後に参禅した友人から聞いたのですが、老師は彼女をみて、「50年間たくさんの修行者をみてきたが、5人といない者」と言っていたそうです。

そして、彼女の体験談もとても興味深いものがありました。参禅中のある日、境内を歩いていると、実は自分は一歩も移動しておらず、動いているのは風景の方だったと気づいたそうです。不思議なものです。なづなさんからその話を聴いたその瞬間から、わたしもそれがわかるようになりました。それくらい彼女の、あの透明な「不動」の影響は大きかったのでしょう。きっと誰が見ても、あの透明さ、不動さに気づいたことと思います。

聖者とのファーストコンタクト

参禅の経験は、人生の「なにか」を根本的に変えました。

こころが静かに澄む。それがどれだけ大きく人生を変えるかを、知ることとなりました。

この時は「悟る」ということには、至ることはできませんでしたが、わたしは座禅を経験し、「悟る」ということが、それまで耳にしてきたとおり、容易なことではないと思いはじめました。ただ、それはマインドがそう囁き出したものでした。自我《エゴ》の、マインドのトリックは強力です。この時のわたしには、マインドのトリックにひっかかってしまっていることには、まったく想像することすらできませんでした。それほどまでに、マインドのトリックは巧妙なものでした。しかし、座禅を経験したことで、「気づき」の質と深みは、まったく変わりました。以前では気づくことすらなかったこと、感じることすらなかったことに、気づくようになったのです。

そんな変化の中で特に印象的なのが、インドの聖者アンマとのエピソードです。アンマは「抱きしめる聖者」として世界中を回り、それまでにも３０００万人以上の人々を抱擁し、癒し、意識を変容させ、同時に人道支援をしてきたことで知られていました。

わたしがはじめてアンマと出会ったのは、参禅する前年でした。知人から「日本にアンマが来るよ」とチラシを貰ったのです。わたしは当時、アンマのことは知らず、またチラシを貰った当初は、あまり関心も持っていませんでした。人生とは本当に不思議です。今から振り返ると、アンマとは出会うべくして出会っていたように思います。もちろん、当時のわたしには、そんなことはわかりませんでした。ただ、最初ほとんど関心がなかったのに、その日にはアンマの抱擁を受けに行っていました。

はじめてアンマを見た瞬間のことはすごくよく覚えています。強烈な印象の出会いだったからです。アンマが会場に現れた瞬間、「なんだかこの人すごい」と感じるものがありました。すごい存在感を感じたのですが、ホントにすごかったのは、実際に抱擁を受けた瞬間でした。「いったいどんな体験なのだろう」と期待する思いと、「でも、自分のような凡人には、なにも違いは感じられないだろう」という思いとの両方が、その時のわたしにはありました。最初に見た瞬間に、「すごい！」とちゃんと感じていたのに（笑）。そして抱擁の瞬間、わたしは驚きました。それはものすごく意外な驚きでした。「あれ？」という感じ。なんというかものすごく普通だったのです。いえ、普通というのとは、正確には違う。ただ、この時は「普通」と感じたのです。なんというか「素」に一瞬で戻る感じ。ホントに「あれ？」という感じでした。

そして翌年以降、それがどれだけすごいことだったのかを知っていくことになります。これがアンマとのファーストコンタクトでした。そして翌年。参禅後にアンマに会ったときは、まったく違う驚きの体験をすることになったのです。

星のない宇宙

二度目のアンマの抱擁は、参禅から帰ってきてからのことでした。前年は「あれ？」という感じで、「素」に戻ったような、ある意味、拍子抜けするような感覚でした。

ですが参禅後の抱擁は、まったく違う驚きの体験でした。アンマの抱擁を受けた瞬間、アンマの中が空っぽなのが、はっきりとわかったのです。星のない宇宙のような、なにもない漆黒の空間が、無限の深遠な静寂の空間が、そこには広がっていたのです。それはただただ沈黙した、深遠な静寂の空間でした。その瞬間わたしは、「あ、この人空っぽの無だ！」と気づいて驚きました。

悟り、そして「それ」そのものである人が一人いると、それだけで10万人の人に影響を与えると、以前どこかで耳にしたことがありました。そして今、わたしを抱擁しているその人が、「それ」であり、空っぽを体現している人だったのです。わたしはこの時はじめて、空っぽというものに触れるのを実感しました。前年の「素」に戻ったようなあの感覚は、ポジティブとかネガティブとか、自立とか依存とか、そのようなものが中心に収束していたのだということが、理解されました。そしてそれが凄くなかったのです。奇妙な表現になってしまいますが、まったく凄くない凄さだったのです。この時は、なづなさんも一緒に来ていました。なづなさんは、アンマとの初対面でした。彼女は今もそんなところがあるのですが、以前はとても感動やさんで、感動する場面や話に出会うと、感極まってよく泣いていました。この日もアンマがたくさんの人たちを抱擁する姿に感動して、涙を流していました。わたしは「これはちょっと見ものだゾ(笑)」と思いました。わたしは抱擁された瞬間に「素」に戻る、中心へと収束する体験をしていました。ですので感動しているなづなさんが、それによりどうなるか、わたしは興味しんしんで、その様子をうかがっていました。そして彼女の順番がやってきました。さて、どうなるか⁉ わたしは、注視していました。そして抱擁された瞬間！ 泣いていたなづなさんが「ピタッ」と、止まってしまったのです。

もうその光景たるや、わたしは可笑しくて可笑しくて、きっと一生忘れることができません。小さな子供が、泣いている最中にピタッと泣き止んで、きょとんとした顔をすることがあるじゃないですか？ ホントにそのまんまだったのです。もうその光景が可笑しくて、わたしは思わず大笑いしてしまいました。

その後も、アンマが日本に来日するたびに、わたしと友人たちはアンマに会いに行っています。この体験の翌年は、マインドが期待しすぎたのか、また「あれ？」っという「素」に戻る感覚で、空っぽとか無とかは感じ取れませんでした。また別の年は、わたしたちの大きな変化の時期だったようで、胸の辺りに重たい鉛の塊でも入っているのか？ というような、凝固した感覚が胸の辺りにあり、それが何日も続いているときでした。身体もすごくだるくて、しんどくて、辛い時期でした。わたしとなづなさんの二人ともが、そんな状態だったのです。ですが、抱擁が終わって帰り道。ふとある瞬間に「あれ？ いつの間にか、あの重いのがなくなっているよ！」と、あの感覚がなくなっていることに気づきました。今振り返ってみると、「いつの間にか変わっている」ことに気づく、あれが最初の体験だったのだと思います。

わたしたちに目覚めの経験が起こってからも、アンマには毎年会いに行っています。気がついてみたらわたしたちは、アンマのすごさを体験しに行こうとか、「助けてもらおう」というような感覚でアンマのところに行ったことは、一度もありませんでした。年に一度アンマがやってくる。そしてアンマに会いに行く。そんな感覚なのです。そして彼女の献身に、感謝と尊敬を感じます。

最近は、人間的でおちゃめなアンマの表情を見ることをとても楽しく思います。同時に、彼女がどれだけすごいことをしているのか、彼女を通して「それ」がどれだけの偉大さを顕しているのか、そのことをはっきりわかるようにもなりました。

出会いは本当に不思議です。はじめはアンマのことはまったく知らなくて、最初は関心もなかったのに、なぜか出会い、そして毎年会いに行くようになっていました。人生は本当に不思議です。

雑念を止めようとしていた雑念

はじめての座禅修行への参禅で、こころのおしゃべりは静かになっていたのですが、下山後二週間くらいした頃には、また以前のように、こころがおしゃべりに巻き込まれるようになっていました。しかし、以前と大きく違うところがありました。それは、静かなこころの状態を知ってしまったということでした。こころ静かな状態を知ってしまっていたことで、今度は、なんとかあの静かな状態にしたい、こころを静めたいという思いがはじまったのです。そこで修行の時のように座禅を組んでみるのですが、これがいっこうにこころは静かになってくれません。マインドはおしゃべりを続け、雑念は次の雑念へ、そしてその雑念はまた次の雑念へと渡り歩き、彷徨い続けました。

座っても、座っても、こころのおしゃべりは続き、わたしは悟るどころか、こころのおしゃべりを静めることが、どれほど困難なことかを思い知らされることになったのです。実はこの時のわたしは、重大なことに気づいていませんでした。それは、こころを静めようという思いそのものが、既に雑念だったということです。雑念が浮かび、その雑念に対して「雑念を止めたい」という雑念が浮かんでいたのです。そして「雑念が止まらない」という雑念が浮かび、「雑念を止めるのが難しい」という雑念が浮かんでいたのです。

「こころを静めたい」という思い、「雑念を止めたい」という思い、それらもみな雑念だったのです。ところで、この時わたしは、ある選択をどうするか思案中でした。実は座禅のことを教えてもらった知人に、座禅のほかに、仏陀が実践したといわれる、山に篭っての瞑想修行のことも教えてもらっていました。座禅での体験が、わたしにとってとても良いものだったので、行くなら次も座禅と思い、そちらの修行に行くかどうかを迷っていたのです。

そこで、紹介してくれた知人に相談してみたところ、「せっかくだから、両方経験してみたらいいじゃない」と言われました。「確かに」わたしもそう思いました。そこでわたしは、そちらの修行にも行くことにしたのです。座禅修行を経験していたわたしは、実は正直、次の修行を甘くみていました。「座禅修行であんなに集中できたんだもの、もう楽勝で座れるよね」、そんなふうに思っていました。ところが実際に行ってみると、それは、とんでもなく甘い考えだったことを思い知らされたのです。

4

山篭り

答えを見つけようとすると遠くなる
探すと見つからなくなる
やめようとすると難しくなる
わかろうとするとわからなくなる
止めようとすると、止まらなくなる

そして
やめたら止まる

記憶とは本当はなんなのか？

座禅を経験していたわたしは、十数日の山篭りでの瞑想修行も、「自分には楽勝だよね」なんて思っていました。ところが、これがとんでもない甘い考えであったことを、一日目に思い知らされてしまいました。そこでの修行は、一言も私語を話してはいけない、人と目を合わせてもいけない。一日10時間以上瞑想で座る、という内容でした。

座り出して二時間もすると、身体のあちこちが痛く、だるくなってきました。足が痛いというのも辛いものですが、痛だるいというのは、本当に辛いものでした。肩こりなどで、痛くてだるいあの感覚、あれってホントに辛いですよね。それをなんと全身に感じ出したのです。痛いのはまだなんとか我慢しようと思えばできないことはありませんでしたが、痛だるいという状態は、こころがすごくイライラし、いても立ってもいられない状態でした。こんなに辛いとは！　わたしは自分の考えの甘さを、思い知らされました。

思えば座禅のときは、「集中力が切れたと感じたなら、休みなさい」と言われていました。しかしここでは、決まった時間は絶対に動いてはいけないという約束だったのです。どこか痒くても、掻いてはダメ。足が痛くても、動いてはダメ。身体が痛だるくなっても、とにかくじっとしていなくてはダメ。これが、もうホントに辛くて、初日から「こんなところ、来なければよかった！」と本気で思ってしまいました。

ですが、ひじょうに興味深い発見も初日にありました。

実はわたし、街などを歩いていて、向こうからちょっと強面の人が歩いてくるのを見かけると なぜか両足の足首をつかまれているような奇妙な感覚をよく感じて、「なんなのだろう」と気になっていました。強面の人の姿を見ると、無意識下の記憶に触れ、足首をつかまれたような感覚が起こる。そう思っていましたので、どんな記憶が反応しているのか、気になっていたのです。

そこである時、過去の記憶を辿っていく退行催眠的なワークがあることを知り、そのワークでこの足がつかまれているような感覚を生み出している元の記憶を見てみようと、ワークを受けたことがありました。退行催眠的なワークと言っても、実際に催眠状態になるわけではなく、瞑想状態で、浮かんでくるイメージを自分自身で観察するというものでした。ガイドの方の誘導に従い過去の記憶を辿っていくと、足首の感覚の原因らしき出来事の場面が浮かび上がってきました。それは映画などで観たことのあった、エジプトのような街の風景でした。その街でわたしは、いったいなにをやらかしたのか、両足首を縄で縛られ馬で街中を引き回されていました。

さんざん引き回され、さらし者にされ、泥まみれになるのです。でもちょっとそれは、奇妙な内容でした。そんな目に遭うくらいですから、よほどの罰だろうと想像されますし、そのまま殺されてしまいそうな場面に思えましたが、なぜか解放されるのです。解放されたわたしは恥ずかしさを全身に感じながら家に帰る、そんなイメージでした。それはひじょうにリアルな映像でした。そんな目に遭いながら、解放されたことをわたしは不思議に感じ、ガイドの方に、そのことを話しました。すると、「その記憶が本当にあったかどうかは、あまり重要ではなくて、記憶のエネルギーが解放されればいいんですよ」と言われました。わたしもそんなものなのだなと思いました。

さて、以前そんな体験をしていたわけですが、山篭りでの瞑想修行中のこと、身体の感覚に気づき続け、足首の感覚に意識が向いたとき、ある忘れていた幼い頃の記憶が蘇ってきました。

それは小学校三年生の頃の記憶でした。

場所はわたしが通っていた小学校のトイレでした。それは、あるひどい悪戯が先生にばれて、ひどく叱られた場面でした。当時の学校のトイレは、まだ汲み取り式のトイレが残っていました。わたしとクラスメイトの何人かは悪ふざけをして、トイレの汲み取り用のマンホールの蓋をはずし、なんとそこに草を敷き詰めて、落とし穴を作ったのです。今考えたら、とんでもない悪戯ですが、その時は悪ふざけで調子に乗っていて、まさか人が落ちたらどうなるかなどとは、考えてもいませんでした。その悪戯は、幸いなことに誰も落ちることはなかったのですが、これが先生に発見され、ものすごくこっぴどく怒られることになりました。先生たちは激怒し、わたしたち一人一人の両足をつかみ、わたしたちは順番に、マンホールの中へ逆さに入れられてしまいました。もちろん、汚物には届いていませんでしたが、それでもみな絶叫するほど大泣きし、泣き叫びました。わたしが強面の人などとすれ違うときに感じていた足首の感覚、それはこの時の感覚だったのです。

じゃあ、あのエジプトの場面はなんだったの？　この時はまだ、記憶ってなんなのか、ということがよくわかっていませんでした。後々、この時の気づきは、記憶って本当はなんなの？　ということを理解するきっかけになってくれるのでした。山篭り修行はこの時のわたしにはとってもにハードでしたが、こんな貴重な気づきも訪れていました。

「それは危険ですね」

一日中座り続ける（当時のわたしには）ハードな瞑想修行。初日からその辛さに「来なけりゃよかった！」と、すっかり泣きが入ってしまっていました。ですが貴重な気づきもたくさん受け取っていくことになりました。その瞑想修行の中、目的なく、なにかを得ようとすることなく、なにかを起こそうとすることなく、身体の感覚にただ気づき続けていました。座禅の中で気づいた、身体の繊細な感覚に気づくということ、それをここでは、より微細な感覚、より繊細な感覚に気づくことを、洗練していくことになったのです。

そんな二日目のこと、ちょっと驚く経験をすることになりました。そしてそれはとても重要な経験だったのです。身体の感覚に気づき続けていたある時のこと、左膝の感覚に意識が向きました。すると忘れていた昔のある場面が、フラッシュバックのように浮かんできたのです。

それは20年以上前の、わたしの家の近くの河原の場面でした。その日わたしは友人たちと河原で、オフロードバイクに乗っていました。土手を駆け上がったり、駆け下りたり、ジャンプしたりして遊んでいました。その最中、わたしは派手に転んで、土手を転がり落ちてしまいました。そして左膝をひどくぶつけて怪我をしてしまったのです。打った場所を見てビックリ！ なんと膝がぱっくり割れて、膝の皿が見えていました。ものすごく痛かったのを今もよく覚えています。瞑想中、左膝の感覚に意識が向いたとき、その場面が、ありありと浮かんできたのです。

わたしは、この場面が浮かんできたとき、「ああそうか、この瞑想はこのようにして身体が記憶している、潜在意識下のトラウマ的なものが発見され、解消していく修行なんだな」と思いました。「なるほど、そういう修行なんだ」とひとり納得し、感心していたのです。

修行中は一言も話してはいけないのがこの修行での決まりですが、講師の方から時々、「今どんな感じですか」と、声をかけられることがありました。そこで、わたしは、わたしのその体験を話しました。わたしは、「それはうまくいっていますね」と褒められるものと思い込んでいました。

するとこんな返事が返ってきたのです。

「それは危険ですね」

「危険？ どこが？」、褒められるものと思っていたわたしは、驚いてしまいました。そして「それは危険ですね」、そういわれた瞬間、わたしが自分で解釈をし、我流に走ろうとしていたことに気づかされました。座禅のときにも、ズレかけたところを老師に指摘されていたのに、ここでもまた勝手な思い込みで、我流に走るところだったのです。

座禅も瞑想も本当に深い領域に入っていくと、危険な側面も出てきます。「それは、危険ですね」

と言われたのは、ただ単にズレていただけでなく、そのまま我流で勝手に続けていたなら、本当に危険なものだったのだろうと思います。

そういう意味で、きちんと指導し、見極めてくれる場と出会えたのは、とても幸運だったと思います。そしてわたしは、言われたことを我流に走ることなく、言われた通りにやるということを、ここからリセットしてやりはじめたのでした。

可笑しな幻覚

一日10時間以上座る瞑想修行に、わたしは「ああ、こんなの来なけりゃよかった」と初日から泣きが入っていました。はじめは、足は痛いし、身体のあちこちが痛いだけでなく、痛だるいという感じで、まったくじっとしていることができず、イライラし、いてもたってもいられな状態でした。しかし数日たった頃には、痛みもなくなり、とても静かに、満たされた感覚にくつろぎ、座れるようになっていました。わたしは、痛みがなくなったのは、慣れたのと、深い瞑想ができるようになったからだと思っていました。痛みがなくなったのには、もっともっと深いワケがあったのですが、この時のわたしは、そのことにはまだ気づいていませんでした。

さて、おしゃべりだったこころが静かに沈黙する状態というのは、リラックスしていると同時に、とても集中した状態でもあります。座禅のときもそうでしたが、このような状態になると、不思議な幻覚が現れることがあります。ときにそれは観音様の姿だったり、シヴァ神の姿だったり、天使の姿として現れたりするといいます。座禅のときも、それは魔境と呼ばれ、けしてそのようなものにとらわれぬようにと言われていましたし、この瞑想においても、同じように何度も何度も注意がありました。わたしは座禅のときに、それにとらわれかけ、そのことを老師に笑い飛ばされたおかげで、幻覚が現れても巻き込まれずにすんでいました。巻き込まれることはありませんでしたが、山籠り修行での幻覚はなんだかとても奇妙な体験でした。さて、瞑想で座っていたある瞬間、ふと目が開いたときに、足を組んで座っている自分の両足が観えました。それはただ観えているだけで、マインドは静かで、観照の状態でした。

ところがある瞬間「あれ?」と、観えている光景の奇妙さに気づきました。あぐらを組んでいる自分の両足が観えているのですが、なぜか下着姿で、ズボンを履いていないのです。実際にはズボンはちゃんと履いていましたので、そこで「あ、これ、幻覚だ」と気づきました。

また別の日のこと。同じようにある瞬間、目が開いて両膝が観えたのですが、今度はなぜか膝の上にパソコンのキーボードが置いてある。そこでまた「あ、これ、幻覚だ」と気づく、そんなことが何度か起こってきました。

さて、はじめ、座りっぱなしであちこち痛くなっていたのが、いつの間にか瞑想も深まり、痛みはどこかへ消え、とても楽になっていました。ところが数日後、また身体のあちこちが痛だるくなりだしたのです。そしてまたイライラしはじめました。疲れてきたのか？　そう思っていました。

ところがこれは、とても重要な気づきのきっかけだったのです。

表出化するなにか

静かに深い瞑想ができていたのに、またあちこちが痛だるくなり、こころもイライラしはじめました。

あんなに楽に、深くて静かな瞑想ができていたのに、なぜ……？

わたしは、長く座り続けてきた疲れが出たんだ、そう思っていました。が、本当の理由はそんなことではありませんでした。そこにはもっともっと深い、あることが起こっていたのです。なにがふたたび、身体に痛みを感じさせ、イライラさせ、こころを乱しはじめたのでしょう。実はこの時、こころの奥深く潜在意識の奥深くにあったものが、深い瞑想をしていたことで身体の痛みやイライラとして表出化していたのです。

潜在意識の深いところにあるもの、それは本来言葉にはならないものです。言ってみれば、封じこめられていた言葉にならない記憶というエネルギー、抑制され、奥深くに封印されていた「なにか」、その言葉にならないものが、瞑想が深まることで痛みとして表出化してきていたのです。

そして出尽くしたことで、静かに楽になった。しかし、表層がきれいになったことで、今度はより深いところのものが、さらに表出化していたのです。わたしが体験していたのは、これでした。この時のわたしは、そんなことはまだわかっていませんでした。瞑想の指導の中で、ちゃんと説明はあったのですが、聴こえていなかったのです。聴こえず、認識できず、スルーしていました。

このことに気づいたのは、瞑想修行から帰って、だいぶ経ってからのことでした。どうやってこのことに気づいたのか。実はある時、この時の瞑想のことを振り返っていて、あれ？と奇妙なことに気がついたのです。わたしは瞑想をはじめていきなり、身体のあちこちに痛みやだるさ、そしてイライラを感じていました。それが数日後には、静かになり、収まっていました。わたしは当時、「慣れた」と思っていました。ですが、その数日後には、また全身に痛みとだるさ、イライラを感じはじめました。わたしはずっと座り続けたことにより疲れが出たのだと思っていました。そして数日してまた、こころ静かに、身体も楽になっていたのです。こんな状態が数日ごとに、交互にやってきていました。

そのことを振り返ってみたとき、わたしははじめて、「あれ？ なんで？」と、その奇妙さに気づきました。もし座り続けていたことで出た痛みやだるさなら、座り続けているわけですから、どんどん痛みやだるさは増していくはずです。が、痛みやだるさと、静けさと楽さは、交互にやってきていました。「これは座り続けていたからとか、慣れたからとか、そんなことが理由じゃないな」と気づきました。そしてそこから、もう一度この瞑想での指導の内容を確認し直しました。そこで、座っている中、こころの奥深くにあったものが、浄化として表面化していたことが理解できたのです。

瞑想修行中は、まだそのことには気づいていませんでした。ただ身体に痛だるさとイライラを、そして楽さ、穏やかさと静けさを、交互に体験していました。そんな中でも、気づかぬうちに意識は変化していたのです。

下山

十数日間に渡った山篭りでの瞑想修行は、こころ静かに楽になり、またこころ騒がしく、身体が痛だるくなり、イライラし、また静かに楽になりということが、繰り返し周期的にやってきました。この繰り返しの最中、より深い気づきや変化が起こっていることも理解し、実りは少なくなかった体験でした。とはいえ、毎日毎日「あと九日、あと八日、まだ七日もあるよ……トホホ」というように、わたしは下山の日を指折り数え待ちわびる日々でした。

瞑想以外なにもすることなく、誰ともまったく話もできない毎日に、早く下山したい、早く帰りたいと思い続けていました。そして下山の日がやってきたときには、「得たものは素晴らしかったけど、もう二度と来ない！」と思ったものです。と言いながら、数年後には「今度は違うかも」

などと思い、行っていたのですから、我ながら不思議なものです。

「今度は違うかも」と思いながら行って、その初日にまた身体中が痛くなったり、だるくなったり、こころが騒がしく収まらなくなるのを体験して、「しまった！ 来なければよかった！」と言っていたのですから、自分でもあきれてしまいます（笑）。結局その後も何度も瞑想修行に行きました。周りからは本当に修行好きだなあと、半ばあきれられながら笑われたものです。わたしも今では、その当時のことを振り返ってそう思います。気づきや変化もたくさん経験したこの修行でしたが、わたしはこの修行の厳しさから、「悟るなんて、とんでもない甘い考えだった！ 悟るとは、遠い遠いそれこそ彼岸のようなもので、到底自分のようなものには悟ることなどできっこない」という思いを強くしました。

甘さを思い知るというものもありましたが、同時に「悟ることは、長い長い真剣な修行の先にあるもの」という思い込みを、強化していたのです。

これを「求道者の陥る罠」だと耳にしたことはあったのですが、その言葉を知識では知っていながら、わたしはその罠に陥っていました。

5

潜在意識に書かれたもの

ある日わたしは気がついた。
ぽっかりあいた胸の穴。
なんだか寂しい、なんだか虚しい、なんだかつまらない。

だからわたしは穴をふさぎたくなった。
なんであいたんだろう？　この胸の穴。
いつあいたんだろう？　この胸の穴。

忘れていたけど、忘れたことにしていたけど、ずっと昔からあったんだ、この胸の穴。
忘れていたのに、どこかでずっと感じてた。

なんだか寂しい、なんだか虚しい、なんだかつまらない。
だからいろんなものをあてがった。
あてがってみたら、たまにいい気持ちになった。
だけど穴の形に合わなくて、それはすぐにぽろりと落ちてしまう。

忘れていたことにしてたけど、ずっとあいてたこの胸の穴。
わたしはようやく、あいた胸の穴を観ることができた。
怖くて、観たくなかった胸の穴。

ようやくわたしは、それを観ることができた。
ここからやっとはじまった。

掘り起こされた記憶

２００９年から２０１０年の中頃にかけて、わたしとなづなさんは、潜在意識下の思い込みを解消したり書き換えるメソッドを修得し、とても凝っていました。

それ以前にも、潜在意識下の、つまり自分では気づいていない思い込みが、人生に起こるさまざまなことに影響を及ぼしていることは知っていましたし、独自のメソッドで、それをクリアしていくことはしていました。当時はそうしていけば、人生のいろんなことがよくなっていくと思っていましたし、実際に成果もあがっていましたので、効果的で、すばやく潜在意識下の思い込みを解消していくメソッドを見つけ、そのメソッドに集中していたのです。実際、苦手で食べられなかった食べ物が食べられるようになったり、長年の身体の不調が解消されたりなど、目に見えるわかりやすい成果も体験していましたので、「これはいい」と、活用していました。なによりも当時は、このワークを行うことがとても面白くて、毎日このワークを実践していました。

この頃は悟りのことからは、関心が少し離れていました。というのも、潜在意識に働きかけるワークが面白かったこと、また、「悟る」ということは孤高のようなもので、わたしにはとても困難だと思うようになっていたからでした。ですが潜在意識のワークのさなか、後にものすごく重要な気づきと理解へとつながる、ある記憶を思い出したのです。

それは何十年もの間、封印され、忘れ去られていた記憶でした。その記憶が、ワークを続けていたある日、ふいに思い出されたのです。

それはわたしがまだ3歳くらいの頃の記憶でした。わたしは家の洗面所で手を洗っていました。その最中です。突然、ものすごい虚しさと恐ろしさが襲ってきたのです。

そう、それはあの「無限の暗闇」に触れた記憶でした。それは、一瞬であっても耐えがたい、ものすごい虚無感と恐怖でした。この記憶が、潜在意識のワークの最中、突然蘇ってきたのです。その虚しさと恐怖は強烈で、一生忘れることができないと思うほどでした。

そんな強烈な体験でありながら、わたしは何十年もの間、このことを忘れていました。まったく思い出すことなく、完全に忘れていたのです。本当のところはわかりませんが、おそらく、あまりにも強烈な虚無感と恐怖に、自我意識が自らを守るため、強制的に記憶を忘れさせ、なかったことにし、封印してしまっていたのではないかと思います。それが、潜在意識のワークを繰り返しやっていく中で、掘り起こされたのでしょう。完全になかったことにまでなっていた、体験です。

「これはさぞ、その原因となる大きなトラウマ的な体験があったに違いない」とわたしは考えました。そして、なにがこの恐怖の体験のきっかけだったのかを、潜在意識のワークを通して、なづなさんのサポートを受けながら、調べはじめました。ところが、なぜか調べても調べても、「これだ！」という原因が見つかりません。出てこないのです。

これほどの恐怖の体験なのだから、強烈なきっかけとなる記憶があるはずだと思ったのに、どんなに調べてみても、原因らしい原因は出てきませんでした。この記憶の原因を見つける前に、もっと他のブロックを先に解除しないと、深過ぎて出てこないのかな、と思いました。または、手強すぎるブロックで、今のわたしたちにはまだ手に負えないのか、と考えもしました。しかし実は、この記憶の原因は、出てくるわけはありませんでした。そもそもわたしが考えていたような原因はなかったのです。この耐え難いほどの、幼少の頃の虚無感と恐怖の記憶。それは、思いもよらない意外なものにつながっていました。

記憶の正体

物心つくかつかないかの頃に体験した、強烈な虚無感と恐怖。封印されていたこの記憶の正体、それはいったいなんだったのでしょう？

その洗面所は廊下の突き当たりにありました。廊下の突き当りですから、洗面台に向かっていたら、そこはとても狭い空間です。幼いわたしにとっても、そこは閉鎖された狭い空間でした。わたしは手を洗っていた最中、ふいに気がついたのです。今見えているこの風景以外、どこも存在しないことに。

観ている「ここ」以外どこもなく、後ろもなく、時間もない。わたし以外誰も存在しないということに。守ってくれるはずの父もいない、母もいない、わたし以外誰一人存在しない。今観ているこの狭い狭い空間、ここ以外どこも存在しない。あとはとてつもなく広大な暗闇だけが広がっている。そのことに突然気づいてしまったのです。

その閉塞感、ここからは絶対に抜け出せないということ、自分の意思ではどうしようもないこと、助けてくれる誰も存在しないということ、なにもできることなどないこと、あるのは広大な暗闇だけだということ。それをこの瞬間、感知したのでした。

「ああ！　なんでこんなところに来てしまったんだ！」

もし言葉にしたとしたなら、そんな感じだったでしょう。それは一瞬たりとも耐えられないほどの、絶望と虚無感と恐怖だったのです。

わたしはあの日、わたし自身を観たのです。同時にわたしは、ここ以外どこも存在しない、わたし以外誰も存在しないということに気づきました。そしてすべては「まったくなにも意味がない」ということに気づいたのです。ここでいうわたし自身とは、普段これが「自分」と認識している肉体や名前や記憶のことではありません。時間のない虚無。言葉がないゆえに意味のなにも存在しない「それ」。わたしはあの日、それを観たのでした。

「それ」はなにも意味も持たず、完全な静寂でした。いまならそれが恐れるようなものではないことがわかります。幼いわたしには、まったく言葉の存在しない、その完全さと無意味さが、冷たく、感情を持たぬ無機質さ、やさしさやぬくもりもない、機械のような冷徹さとして感じてしまったのでした。わたしが恐れたもの、なんとそれはわたしそのものだったのです。

なんという笑えないジョークでしょう！　わたしはわたしを恐れ、恐ろしすぎて記憶を封印した。つまり、わたしを恐れ、わたしを忘れてしまったのでした。そしてわたしは、わたし自身とはぐれてしまいました。それがわたし自身だとわからなくて、わたし自身を恐れ、そしてわたし自身とはぐれてしまったのです。幼い、自我が芽生えたわたしには、そんなことは見当もつかないことでした。潜在意識のワークで、この記憶の元を解消しようとしていた当時のわたしにも、このことは思いもよらないことでした。それは一瞥の経験後、目覚めが深まる中で理解されていったものでした。一瞥の経験後、目が覚めていく中で、あの時なにを観たのかが、徐々に明確に理解されていきました。

目覚めへの序章

潜在意識の浄化のワークに集中していたわたしでしたが、ある時目覚めへの大きな転機が訪れることになりました。

その転機は、２０１０年の６月にやってきました。当時のわたしは、なづなさんと一緒に講演やワークショップなどの活動をしていました。それは、ノウハウや考え方を学んで身につけたり習得して積み上げていくものではなく、在るままの自分には必要のないものを落としていく、それにより本来の自然な自分らしい自分が姿を現すというもので、その本質は、当時から今も変わりません。

そうやってわたしたちは活動していたのですが、２０１０年、もっと広く活動したいという思いを持つようになりました。それ以前も「いつマスターの本は出るんですか」と、いろんな人から言われていましたし、協力してくれる友人たちもたくさんいました。

そこでわたしは、それまでの自分たちが経験したことのない規模の、講演イベントを企画しました。それをきっかけに勢いをつけ、大きく広げよう、そう考えたのです。会場は大阪のとても綺麗な音楽ホールを使うことになりました。会場のキャパシティは１４０名。「これを満席にしよう」とわたしたちは、奮い立ちました。準備万端、そして申し込みのスタート。

ところが！　申し込みが、ある数字でピタリと止まってしまいました。

それも信じられないような数字。１４０名の会場に、申し込みが入った数字は……なんと14名!!　10分の1で申し込みがピタリと止まってしまったのです。

会場の費用などの心配もありましたが、そんなことよりも、１４０名の会場に14名だなんて「カッコ悪すぎる！　そんなのイヤだ！」。

そんな不安だらけのスタートでした。ところが、実はなんとこのことが、わたしたちの目覚めの経験へとつながっていったのです。

終わらないブロック

１４０名入る会場に、いざイベントの募集を開始すると申し込みは14名！　しかもそこでピタリと申し込みが止まってしまい、わたしたちはものすごく焦りはじめました。勢いをつけるためだったはずのイベントが、テンションがガタ落ちの状態です。わたしとなづなさんは、当時潜在意識のブロックを解消していくワークに集中していたときでもありましたので、「きっとなにか潜在意識に成功を妨害させるブロックがあって、それがこの事態を作っているんだよ！」と考えました。

そこでわたしたちは事態を打開すべく、ブロック解除のワークをやりはじめました。連日連夜スカイプを使い、何時間にもわたりワークを続けました。お昼過ぎから、ときには深夜に至るまで。ワークをすると毎回深い領域のブロック、思い込みが洗い出されてきました。そんな思い込みを見つけ解消するたび、「こんな思い込みが入っていたのでは、そりゃあうまくいくはずなかったね」と、確認しあいました。

わたしたちは徹底的に、本当に徹底的に、来る日も来る日も、ワークを続け、次々とブロックを解除していました。しかし、状況は動きませんでした。他のことでは成果は出ていたのに、ことこの件に関しては、一向に改善の気配さえみえませんでした。徹底的にブロックを解除し続けていたのに、ピタリと止まった申し込み数は増えることなく、状況は動かないままだったのです。

「まだ、もっともっと大きなブロックがあるのか」

そうわたしは考えていました。もちろん、ワークにばかり没頭し、他の手段を講じなかったわけではありませんでした。こうしたイベントやビジネスの専門家のアドバイスも受け、考えうる対策もしていました。わたしはこころの中で、「わたしは生涯、成功というものには縁のない人間なのか」と、惨めさと悔しさも感じはじめていました。

そんなある日、あの出来事が起こったのです。

そうか悟りたかったのか！

来る日も来る日もワークを続け、ワークが深夜に及ぶこともしょっちゅうでした。イベントの告知はとっくにはじめていましたので、投げ出すこともできず、ただできることを、徹底的にやるしかありませんでした。そしてわたしたちは、徹底的に潜在意識のワークをやり続けました。きっとここまで毎日、真剣にワークを続ける人なんていないんじゃない？　そう思うくらい、毎日ワークを続けていました。

そんな日々が、三週間も続いたある日のこと。大きな転機となる出来事が起こりました。

その日もわたしたちは、潜在意識のワークをやっていました。もう三週間もワークを続けている。でも、状況はいっこうに好転しない。そんな焦りと惨めさが入り混じった思いが、募りに募っていました。

ある瞬間、わたしは突然、この状況に本気で嫌気がさして、とうとう爆発してしまいました。こんなに毎日、真剣に、何時間も、時に深夜まで真剣にワークをやり続けているのに！ 状況は全然動かない！ このことに、本気で嫌気がさしてしまったのです。その瞬間、わたしは思わず、「もう嫌だ！ こんなこと、本当はやりたいことじゃない！」と叫んでしまいました。わたしは「今」を幸せに、満たされた人生を送りたくて、メソッドや知恵を学び、やってきました。でも今、自分がやっていることはなに!? そう思ったとき、気づいてしまったのです。

「自分は今を楽しく、幸せに生きたくてやってきたはずなのに、でも今やっていることは、今じゃない『いつか』のことをやり続けているじゃないか！」

「しかも、ずっとずっと以前から、ずっと同じ繰り返しを続けている！ 今じゃないいつかのためのことをずっと繰り返しやってきて、そして今もやっている！」

「いったいオレは、なにをやっているんだ!?」

同じようなことの繰り返し、その繰り返しから一度も抜け出たことがないこと。それが人生になってしまっていること、そのことにこれまで気づきもしなかったこと。そのことに気づいてしまったのです。

「こんなこと、ホントにやりたいことじゃない!!」

わたしはとうとう爆発し、思わずそう叫んでしまいました。

その時でした。なづなさんがこう問いかけてきました。しかも不思議に静かな声で。

「じゃあ、マスターの本当にやりたいことを、マスターは知っているとしたら、なに?」って。

それはとても静かな声でした。そしてその声に呼応して、わたしの口から、わたしの意思とは関係なく、思いもよらない言葉がこぼれたのです。

「悟り……」

そうわたしの口から言葉がこぼれました。それはわたしがそう思ってしゃべったという感覚とは全然違っていました。なぜならその言葉を聴いて、一番驚いたのがわたし自身だったからです。まさかこんな言葉が出るとは。わたし自身が、口からこぼれた言葉に驚きました。たしかに「悟りたい」とは思っていましたが、当時のわたしは、悟りなんてものは本当に孤高のような経験で、自分にはあまりにも遠いものに感じていました。ですので「生きている間に悟れたらいいな」、そのくらいに思っていました。それは願いや望みというより、憧れのようなものでした。

「本当の望みを知っているとしたらなに?」

その問いに、考える前に口からこぼれた言葉が「悟り」だったのです。わたしは本当に驚きました。それは不思議な感覚でした。驚いているのだけど、それは静かで、静かに驚いているというか、とても冷静だったのです。そしてそれはどこかで、はじめから知っていたという感覚でした。

「そうか、オレ、本当に悟りたかったんだ」

この時わたしははじめて、自分の本当の望みが「悟り」だったことを知ったのでした。

シュレーディンガーの猫

わたしは、自分の本当の望みが「悟り」であったことを知りました。

自分の本当の望みは悟りだった、自分は本当に悟りたかったんだ……。

この気づきにはとても驚きました。同時に、どこかでずっと知っていたという感覚でもありました。本当の望みが「悟る」ということだったと気づいたわたしでしたが、イベントの申し込み数が増えないという状況を、なんとかしなければという思いは変わっていませんでした。

人が集まらない。

「これはこんな現実を作るブロックが潜在意識にあるに違いない」と考えていたわたしたちは、また気を取り直し、毎日、潜在意識の解除のワークを続けました。

そんなある日のことでした。

その日も、なづなさんとスカイプで潜在意識のワークをすることになっていました。約束の時間になり、スカイプがつながりました。そして、ワークの前に少し話していたところ、不思議な偶然というか、共通の体験を二人がしていることに気づきました。その不思議な共通の体験とは、二人がそれぞれ別々のところで、同じく前日に「シュレンディンガーの猫」という量子力学についての有名な、思考実験の論文を目にしていたということでした。「不思議な偶然だね」と、わたしたちは言いました。

わたしたちは、潜在意識のワークをはじめました。ワークをはじめて、どのくらいたったときのことでしょう？　スカイプでワークのやり取りをしていると、わたしの部屋の窓の外からガサゴソと音が聴こえてきました。

窓の外には庭があり、落ち葉が積もっていたのですが、そちらからガサゴソと音がしてきたのです。わたしは野良猫がいたずらをしにきたと思いました。よくガレージのクルマの上に足跡がつけられたりしていて、野良猫に悩まされていたのです。そこでなづなさんに「ちょっと待っていて」と言い、席を立つと、部屋の窓を開けました。夜の窓の外は、真っ暗でした。

わたしは野良猫を追い払おうと思い、庭の石を一つ拾うと、なにも見えない暗闇に向かって石を放り投げました。石は漆黒の闇へと吸い込まれていき、そして暗闇の中、ガサッという音だけがしんとした空間に響きました。暗闇は沈黙し、なんの音も聴こえてきませんでした。わたしは席へと戻り、ふたたびスカイプでのワークを行おうとしました。

その時です。わたしはふいにあることに気づきました。

ちょっと待って！　これ偶然じゃないとしたら？

わたしたちはこの日の前日、それぞれ別々の場所で、シュレーディンガーの猫の論文を目にしていました。そして今しがた、わたしは庭の音を聴き、野良猫が来たと思いました。もし、この出来事が偶然でなかったとしたら？　わたしはそう考えたのです。シュレーディンガーの猫では、箱を開けてみるまでは、箱の中の猫が生きているか死んでいるかは決定していないと目にしていました。

そのことから、今の状況で読み解けることがあるとしたら？　わたしはそう考えたのです。

そして今起こったことを、振り返ってみました。今しがた起こったこと。庭でガサゴソと音がするのをわたしは聴きました。そしてわたしは「猫が来た」と思いました。ですが「わたしは猫が来た」と思っただけで、実際には「猫の姿は見ていません」。「猫が来た」と思ったのは、音を聴いて頭でそう考えただけです。実際には猫の姿を見ていないのですから、猫が来たというのは、わたしの考えでしかありませんでした。そこでわたしたちは思いました。

「実際には猫は存在していなかったのではないか」と。

わたしが直接体験したのは、庭でガサゴソ音がした、その音を聴いただけです。「猫が来た」というのは、わたしのマインドの中だけで起こったことで、実際には姿は見ていません。そこで実際には猫は存在していなかったのではないか？　そうみてみたのです。出来事は気づきの機会です。わたしたちは、この出来事を通して、なにかが指し示されているはず、気づくべきなにかがあるはずと直感的に思いました。

　この出来事が指し示している先にあるものはなに？

　この出来事が教えようとしていることはなに？

　そしてわたしたちは、あることに気づきました。わたしたちはパソコンのモニターに映る申込者数の数字を観て、人が集まっていないと判断していました。ですが、わたしたちが観ているのはモニターの画面です。わたしたちは、当日会場が満席になるようにと、既に意図は放っていました。もし願いを願うとするなら、もうとっくにその意図は放っていたのです。だとしたら、モニターの向こう側で、実は宇宙（当時はそのように考えました）が、着々と当日に向けて準備をしてくれているのではないか？

　わたしたちはそう考えたのです。目に観えないところで、当日に向けて着々と準備は進んでいる。それをわたしたちはパソコンのモニター上の数字を観て、「うまくいっていない」と考えているとしたら？　そしてうまくいっていないと思い込み、ホントは着々と観えないところで準備が進んでいるのに、それがわからないために、あの手この手で対策を講じているとしたら？　もしかしたらそれは、着々と宇宙が準備を進めてくれているのを邪魔しているかもしれない。そう考えました。わたしたちはそのことに気づき、「ここは宇宙にお任せしよう」「あれこれ焦って対策するのをやめ、信頼してまかせよう」と話しました。そして対策をとることをやめたのです。対策をとることを手放したのです。モニターの向こう側の「なにか」にゆだねることにしたのです。それはそれ以前のわたしには浮かんだことのない発想、できなかった選択でした。対策を講じるのをやめ、ゆだねる。そんなことは、それ以前だったら怖くてできないことでした。ですがわたしたちは任せて、信じて、ゆだねることを選択しました。その瞬間、なにかから解放されて、とても楽な気持ちになりました。そしてこの時、かつて最初の師が言っていた、ある言葉がよぎりました。「問題を問題にしていると、問題は継続し続ける」、わたしたちは、このある種、不思議なできごとがきっかけで、問題を問題とすることをやめ、ゆだねることをはじめました。そしてこの時もう一つ、わたしにその後の人生を何度も助けてくれることになる、ある気づきが生じてきました。それは「今までと同じことをしていたら、今までと同じことしか起こらない」というものでした。わたしたちは、問題を問題にすることをやめ、不安に振り回されることをやめ、今までと同じことを繰り返すことをやめたのでした。

それまでの人生の終わり

あんなに「人が集まらない！」と不安で、思いつく限りのことをやっても好転することのなかったイベントの集客。が、不安から対策を講じることを止めたら、なにがどうなったでしょう？なんと当日の会場は満席になっていました。そして２０１０年の6月のこの日は、それまでのわたしの人生が終わり、生き方そのものが変わる転機の日となりました。

その日、わたしはいつものように壇上に上がり、それまでもそうしてきたように、これまでの人生での体験と、その体験から生まれた気づき、知恵について分かち合いました。座禅での体験、このイベントの前の一連の出来事のこと、あのシュレーディンガーの猫の一件なども話しました。それはいつものように、わたしにとってとても楽しい時間でした。同時に、いつもとはなにかが違う、そんな感覚も感じていました。

まるで集大成のような、卒業講演のような、そんな感覚を感じていたのです。そして「それ」は、イベント終了後やってきました。イベント終了後は、イタリアンレストランを借り切っての懇親会が行われました。イベントの成功を祝いあい、これからの展望や活動について語り合う、楽しい時間……の筈でした。ところが、なにか「終わったような」感覚がわたしの中で起こっていたのです。このイベントで勢いをつけ、本を出版し、もっと活躍して行こう。そういう思いから始まったイベントでしたが、そんな「やる気」がなにも起こらなくなっていました。ただ「終わった」という感覚だけをわたしは感じていました。わたしははじめ、「あれ？これ、燃え尽き症候群じゃないか」と思いました。ですがそれは、燃え尽き症候群ではありませんでした。それは本当に大きな転機だったのです。それは目覚めへのはじまりでした。

悟りへの決意

「なにもやる気が起こらない」、わたしははじめ、それを燃え尽き症候群ではないかと思いました。「燃え尽き症候群にはまってしまうと、復活するのに数ヵ月かかってしまう」、かつての経験からわたしは、「それはヤバイ」と思いました。かつて味わったことのある、あの大変さをまた味わうかと思うと、なんとか自分に鞭打って立ち直らなければ！　そう思いました。

ですがなにか感覚が違うのです。がんばって、自分に鞭打って奮い立たせ、立ち上がる、そんなことではない気がしていました。そんなことをしたら、ただ同じことを繰り返すだけ、そんなことをしてはダメ、そんなことじゃない、そんな感覚を感じていたのです。

そしてある瞬間、「これ、燃え尽き症候群なんかじゃないかもしれない」、そう思いが浮かんできました。仮に燃え尽き症候群だとして、立て直すためになにをやるの？　そう振り返ってみたとき、気づきました。

燃えつきてダメにならないように、対策を立てるとしても、なにをやるのかをみてみたら、今までやってきたことと同じことしか思いつかないことに気づいたのです。今までと同じようなことをしても、今までと同じようなことしか起こらない、そのことを思い出しました。イベントまでの一ヵ月間の間に気づいたあの気づき、「同じことをしても、同じことしか起こらない」、あの気づきがここで再び浮かび上がってきたのです。そしてわたしは先日、わたしの本当の望みが「悟り」だと知ってしまったことを思い出しました。

わたしはこの時決意しました。本当の望みが悟りなら、「悟り」へと向かおう。今までと同じことをしても、今までと同じようなことしか起こらない。

わたしは今までずっと無自覚のまま、ずっと同じことを繰り返してきて、同じ場所から抜け出られずに行き詰まりの中いました。成長はしてはきましたが、同じ場所から一度も動いていなかったのです。ずっと同じところを、ぐるぐる回り続けていた、それが人生になっていました。「これ、まるで輪廻じゃないか」、そう思いました。

それまで、がんばって続けていれば、いつか状況は変わる、ずっとそう思ってきました。ですがこの時はじめて、その繰り返しが終わらないであろうことに気づいたのです。

かつてわたしの最初の師は、「狂気の定義ってわかるかい」と、わたしに質問したことがあります。わたしがわからずにいると、「押したら開くドアを、永遠に引っ張り続けることさ」と言っていました。わたしはずっとずっと長い間、ドアを引っ張り続けていたことに気づき、ハッとしました。押さないと開かないドアなのに、引っ張り続けていたらいつか開く、そんなけしてありえないことをやり続けていたのでした。

そして本当の望みが「悟り」なら、悟りへと向かおう、そう決意しました。

決意したとて、なにをどうしたらいいのかなんてわかりませんでした。座禅を組むこと、瞑想をすること、それ以外思いつくことはありませんでした。それでも、悟りへと向かおう。わたしは決意しました。

そしてその日から、不思議な導きがはじまりました。

6

一瞥

覚者と静かに相対する。
なにも探そうとしない、なにも見つけようとしない。
風景は観えている。音は聴こえている。
そこに意識は向いていない。
五感の情報は流れている。
それはあらわれて、変化し、去っていく。
わたしは、五感じゃないものの中にいることに気がついた。
静かで、混沌として、言葉になる以前。形になる以前。
いろんなものが生まれてくる。
わたしはもっと、ほとりへと入っていった。
五感じゃないもの。
静かで、混沌として、言葉になる以前。
形になる以前。

目覚めの準備

「悟り」へ向かうことを決意したとはいえ、ここからなにをしたらいいかという具体的なことは、なにもわかりませんでした。思いつくことといえば、座禅を組むことと、瞑想をすることでした。それ以外、当時のわたしには思いつくことはできませんでした。ですので、わたしはできること、可能なことから、とにかくはじめることにしたのです。

毎日朝早く起き、二時間、日によっては数時間、座禅を組みました。また、つらくてもう二度と行かない！とまで思った山篭りでの瞑想修行にも行きました。とにかく、その時その時できることを、思いつくままにやっていったのです。やがて、自分自身の行動を観ていて、面白いことに気づきました。「悟る」ことへと向かって歩き出そう、そう決めた日を境に、手に取る本、インターネットで検索する言葉、本屋で向かうコーナーなど、どれも以前とは違うものに触れるようになっていたのです。

以前は一般的な自己啓発系の本や、わかりやすい精神世界系の本を手にとっていました。いわゆる一般書籍と呼ばれる、多くの人が手に取る本です。ですが、「悟り」へと向かうことを決めたときを境に、覚者の本や、哲学書、量子物理学、インド哲学の本などを手に取るようになり、また、インターネットでもそのような語句を検索するようになっていました。なぜか興味が湧いて、関心が向いて、自然にそんな本を手にとり、思いつくままに検索しているといった感じでした。興味があるから調べる。ただ自然な成り行きでそうなっていました。当時は気づいていなかったことは、そのようにわたしが、関心が向いたものを調べ、触れることで、着々と準備がなされていたということでした。実際に目覚めの経験が起こったときに必要な情報、必要な知恵、適切な情報、適切な知恵。その時がきたとき、理解へとつながるよう、そのようにして準備が着々と整っていたのです。言ってみれば、目覚めの体験がやってきたときに解凍される圧縮ファイルを、この時たくさん受け取っていたのでした。

そんなある日、ひじょうに貴重な知恵に触れる機会がやってきました。それはインターネットで見かけた、ある覚者の動画でした。

悟りを目標にすると悟れなくなる

自然な成り行きで次々と出会う情報たち。以前のわたしには難解で、なにを書いてあるのかわからなかった本や、またわからなさすぎて、読むのが苦痛になり、投げ出してしまっていたものも入っていました。その中には、以前はわからなかったのに、いつのまにか読めるようになり、理解できていることに気づくものもいくつもありました。

実はこの時に触れた数々の情報は、後に目覚めの一瞥《いちべつ》の体験が起こったときに、その体験の理解を支える、重要な準備となったわけですが、その当時はもちろん、そんな自覚はありませんでした。

準備をしていたことに気づいたのは、一瞥の体験が起こってからでした。この時はただ、関心が向くままに本を読み、情報に触れ続けていたのです。そんな準備の中でもとくに重要な情報に、ある日、インターネットの動画で触れることになりました。それはある覚者が、悟りについて話している動画でした。彼は動画の中でこう言いました。

「瞑想などの修行で、悟りを目標にして、ゴールに設定してしまう」

「ところが悟りは今、ここにしかない」

「目標やゴールは、今ここではない未来のこと」

「ゆえに悟りを目標にし、ゴールに設定すると、永遠に悟れないパラドクスに陥ってしまう」

「しかし、悟りを求める人たちは修行者も含め、多くがこのことに陥っている」

覚者はそう語っていました。この話にわたしは、とても強い印象を持ちました。なにかを実現するためには、それを目標にして、ゴールに設定し、それに向かって段階的に実現していく。世の中でわたしたちがずっと教えられ、学んできたことです。そして誰もが、そうすることが当然のことと信じてきたことですよね。そのように考えるよう、条件付けられ、クセになっていること。なにかを実現するためには、必要不可欠と信じて疑うことのなかった、「実現のためのセオリー」「当たり前の常識」です。

それが、悟りには当てはまらない。悟りを目標にし、ゴールに設定したら、永遠に悟れないパラドクスに陥る。これまでの常識がまったく通用せず、同時にこれまでの常識が悟りを遠ざけ、難しくしていたことを理解しました。

そしてこの話は目覚めの一瞥を体験したあの日、わたしを助けてくれる重要な知恵となったのです。

一瞥の瞬《とき》

「悟り」が本当の望みだったことに、不思議な形で気づき、悟りへと向かうことを決意した日から三ヵ月経った2010年の9月24日。ついにその日がやってきました。

弟子の準備が整ったとき、師は現れると言います。それは覚者との不思議な出会いでした。わたしは、目覚めの扉へと導く師と出会いました。この出会いは不思議な「縁」としかいいようのないものでした。

わたしは彼と相対して座りました。ただそれだけでした。

本物に触れると、出会った瞬間に「なにか」が変わります。音叉が振動し、離れたもう一方の音叉が共振するように、覚醒の共振が起こっていました。明らかになにかが起こっているのを、わたしは感覚として感じていましたが、この時のわたしは、ついに巡ってきた悟りへのチャンスに興奮し、マインドが大騒ぎをしていました。つまり、マインドがものすごくおしゃべりをはじめていたのです。この日までにわたしは、たくさんの悟りに関する知識、情報に触れていました。おしゃべりなマインドはこの知識に従うよう、貴重な機会を逃さないよう、失敗しないようにと、とても騒がしくしゃべりはじめたのです。

「悟ろうとするな」

「悟りを目標にするな」

「悟りをゴールにすると、今から離れて悟れなくなるぞ」

そうマインドのおしゃべりは続きます。そしてそのマインドに対して、またマインドが応戦します。

「そのとおりだ、だが静かにしてくれ」

「わかったから静かにしてくれ」

するとその思考に対して、また思考が応戦します。

「うるさいよ！　静まれ！」

「いや、そのマインドがうるさいよ」

「もう！　このおしゃべり、どうやったら静まるんだ!?」

「だからそれがうるさいんだって！」

「あー雑念が止まらない！」

「あーもう！　だから、本当っに、うるさいって‼」

こんなふうに、貴重な機会なのに、マインドのおしゃべりは続いていました。マインドがマインドに対して反応し、反応したマインドが、またその思考に応戦する。こんな頭の中の言い争いがとめどなく発生し続け、とまらなくなっていたのです。

「ああもうっ！　どんどん貴重な時間が過ぎていくじゃないか！」

「だからうるさいってばっ！」

「だからそれがうるさいんだって！」

なんだかとんでもない一人漫才みたいですがこの時は本当に、貴重なチャンスがやってきているのに、この騒がしいマインドでそのチャンスを逃したくない思いがいっぱいで、余計にこころははやり、マインドは騒ぎ続けました。それはまるで火を消そうとしていながら、水の代わりに油を注ぎ、さらに火が強くなる、今振り返るとそんな状態でした。わたしはどんどん焦る気持ちと、どうしたら静まるのかがわからない思いでさらに焦り、同時に自らのマインドに、ますますイライラしていたのです。マインドはどうにも止まりませんでした。騒がしくしゃべり続け、そのマインドのおしゃべりを静めようとマインドが応戦し、その応戦にまたマインドが応戦する。そんないたちごっこがエンドレスに続いていたのです。もうどうにも手につけられない状態でした。

そんなある瞬間でした。

座禅で幻覚が止まらなくて、苦しんで苦しんでいた、あの時の場面がふいに浮かんだのです。あの時、幻覚は次から次に現れ、止めようにも消そうにもどうすることもできませんでした。格闘し、格闘し、格闘し続け、丸一日格闘し続け、最後にとうとう諦めた、あの場面が浮かんできたのです。諦めたあの瞬間、わたしは現れ続ける幻覚に「もういいよ、一生出といてくれ」と、闘うことを放棄し、投げ出しました。そのとき、どうにも止まらなかった幻覚がフッと一瞬で消え去った、あの場面のことが浮かんできたのです。わたしは座禅のときと同じに、どうにも止まらない雑念に「もういいよ、一生しゃべっていてくれ」、そう言いました。諦めました。

その瞬間です。

すべてが止まったのです。それは今まで一度も経験したことのない体験でした。「ああ、これは本当に、探したら絶対に見つからなかったな」という確信が訪れました。

それははじめての、目覚めの一瞥でした。

時間のない世界

その瞬間、すべてが停止しました。

そこには、まったくの静寂の、時間のない、広大無辺の暗闇が広がっていました。まるでインクの瓶に、頭からどぼんと浸かったような漆黒の闇でした。眼はちゃんと開いていて、眼の前の風景は観えているのに、同時にそこに漆黒の闇が存在していました。それを不思議と感じることさえありませんでした。それは完全に停止し、時間もなく、まったくの静寂でした。「ああ、これはたしかに探したら絶対に見つからなかったな」という理解が訪れました。と同時に「ああ、もう二度と探さなくていいんだ」という確信が訪れてきました。

それははじめて観た光景でした。そしてまったくはじめての体験でした。時間もなく、流れもなく、静寂で、完全に停止した、漆黒の深遠な闇。それが今、視覚ではない知覚で、眼の前に広がっていました。それは太古の昔よりシャーマンたちが観てきたとされる、誰の中にもある「神聖な暗闇」と呼ばれるものでした。

ただこの時は「自分がこの体験をしている、自分が観ている」という感覚がありました。悟りにおいての話題では、観察者と観察の対象は同じもので、分かれてはいないと耳にしていたのですが、わたしは観察者であり、時間なき漆黒の静寂は、観察の対象だったのです。わたしが存在しているという感覚の中、これを経験していました。

それでも、今まで触れたことのなかった、「今ここ」に確かにあるものに触れた。その確信は揺らぎようがありませんでした。

創造を目撃する

時間のない、完全に停止した、無限の静寂の漆黒の闇。そこに、ふと気がつくと一つの赤い炎がぽっかりと浮かんでいました。それはキャンプファイヤーの炎のような赤い炎でした。その赤い炎が一つだけ、なにもない漆黒の闇にぽっかりと浮かんでいたのです。わたしははじめ、それを雑念だと思いました。なのでそのまま放っておこうと思いました。

ところが、師はわたしに、「今どんな感じですか」と声をかけてきました。

わたしは、炎のことなど話すつもりはなかったのに、思わず口から「炎があるんですよ」と言葉がこぼれてしまいました。すると、驚くことが起こりました。赤い炎の後ろに、蒼い炎が一つ増えていたのです。わたしは思わず「あ、炎が増えました」と言ってしまいました。

するとまた、先に現れていた蒼い炎の後ろに、また新しく蒼い炎が現れたのです。「驚く」と言っても、実はこの時はものすごく冷静で、静かな状態でした。ものすごく静かで冷静な中、静かに驚いている。驚くことなく驚いている。言葉にするとなんだか奇妙に聴こえますが、まさにそんな感じでした。

「また炎が増えました」

思わずそういうと、また炎が一つ増えていました。

「あ、また増えました」

わたしがそういうと、また蒼い炎が一つ増えています。炎は言葉を発するたびに現れました。しかも言葉を発したら炎が現れたのではなく、言葉を発したときにはもう炎は存在しているのです。原因と結果が一つであり、そこでは原因と結果はまったく分離しておらず、タイムラグはありませんでした。「炎がある」と言葉を発したときには、既に炎は存在している。炎が既にあるですから、わたしが炎の現れる瞬間を観ることはありませんでした。言葉を発したときには既に存在し、既に存在していることに気がつく。そんな状態でした。現れるところを観ることはない。知覚されたとき、既に存在していている。存在しているとき、既に存在している。

この体験は後に、目覚めとマインドのからくりを理解する貴重な経験となるのですが、この時はまだそのことはわかっていませんでした。炎が言葉を発するたびに現れる。わたしはこのことに（とても静かに）驚いて、思わず「どんどん増えます」と言っていました。その瞬間、無数の蒼い炎が、眼前に広がっていました。ぽつりぽつりと増えていた炎が、一気に無数の炎に変わっていたのです。炎は漆黒の闇に、無限に広がっていました。師は「創造が起こっているんですね」と言いました。わたしは、言葉が体験を作り出していると直感的に感じました。そして「これが、はじめに言葉ありきということ？」という思いが浮かんできました。

言葉が生まれ、同時に炎が生まれる、そのどちらもが分離しておらず、創造でした。原因と結果は同時に創造され、同時に生じていました。そしてそれを目撃する「わたし」もまた同時に生じていたのです。すべてが創造であり、すべてが同時に生じていたのです。ですがそのことを理解するのは、もっと後のことでした。これがわたしの、目覚めの最初の一瞥の体験でした。

幻想が解かれるプロセスのはじまり

ひとたび目覚めの入り口を通ると、不可逆の流れに入る。

そんな言葉を、それ以前に何度も賢者たちの言葉で目にし、耳にしていました。目覚めの入り口を通過すると、目が覚めていく流れに入りもう戻ることはない、戻ることはできない。そう聞いていました。

一瞥の体験には、それを体験した「わたし」という観察者の感覚がありました。覚者たちの言う「わたしはいない」「すべては一つ」という体験ではありませんでした。ただ時間のない、完全に停止した空っぽ、それに触れた体験でした。そしてそれを体験している「わたし」という感覚はまだあり、時間のない、完全に停止した空っぽは「わたし」から観た、観る「対象」でした。それでも、なにかが確実に変わったのを実感しました。「流れ」に入ったのを、実感しました。

そしてここから、幻想が解かれていくプロセスの経験がはじまったのです。

7

夜明け前

悟ったら悟ったことを忘れなさいと賢者は言う
わたしは言葉でこのことを知っている
だけど知っていることと、そうであることは違う
エゴが悟ったことを誇りにする
エゴが悟ったことを手柄にする
鏡を観ても、
それが自分のことだとなかなか気づけない
映っている像は向こうのことのように観えている

悟りの罠

目覚めの一瞥を経験し、その日以前とその日以降というくらい、人生に対する捉え方が変わりました。

「もう探す必要はない」――このことは、思っていた以上に大きかったように思います。

さて、一瞥の経験後、思いもよらぬ、いえ、ホントはどこかでちゃんと気づいていた、ある悩みが発生しました。座禅修行で、一度つかんだ「あの静かな状態を！」と求め、迷路に迷い込む、あれと同じことが起こりはじめたのです。

最初の一瞥のとき、時間のない、まったくの静寂を経験しました。その経験が「理想」の記憶となり、「あの状態をもう一度！」と求め出したのです。マインドがそのように働き出したのです。そして、「もう一度、あの体験をしたい」という思いと渇望を生み出しました。

座禅修行のとき、老師から「マインドが『以前の状態がよかった』と、今と以前の状態を比較し、こころがあの状態を求めようとする」と聞いてはいましたので、理屈は知っていました。最初の一瞥のときの経験と比較し、マインドが「今の状態はあの時と違う、これじゃない」と判断し、あの状態を求めているのだと。

しかし、理屈ではわかっていても、マインドが理想の状態を求めはじめるとそれに巻き込まれ、そのマインドの働きと一体となってしまっていたのです。わたしはマインドと一体となり、理想の状態を求め、思い通りにならないことに苦しんだのです。これはすべてマインドの働きでした。その囁きそのものと争うことなく、闘うことなく、現れ、通り過ぎ、消えていくままにしたらいいだけのことだったのですが、それを知っていることと、実際にそうできることとは違っていました。ひとたび巻き込まれると、わたしは巻き込まれるままに巻き込まれていたのです。

そしてわたし（マインド）は、わたし（マインド）の影と闘いはじめました。

思いがけない一撃

目覚めの最初の一瞥を経験したものの、そこから「あの時のあの状態を体験したい」「今のこの状態は違う」という思いに、悩まされるようになっていました。

まるで元に戻ったかのような感覚を味わっていたのです。「元に戻ったわけではない」、そのことはちゃんと理解していました。そのことはちゃんとわかっていたのですが「今の状態は、あの時のあの状態ではない」という思い、「どうしたらあの状態になれるの」と、わたしは悩み続けました。それはマインドが作り出していたものですが、わたしはマインドのそんな働き、活動と一体になり、巻き込まれてしまっていたのです。同時にとても静かな状態になる、普段とは違う感覚になる、そんな体験もよく起こっていました。それでもわたしにとって「あの体験」とは違うものだったのです。

そんなある日のことでした。わたしに、思い切り目が覚まされるような出会いがやってきました。それは一本の映画でした。

映画のタイトルは『エンジェル ウォーズ』（原題：Sucker Punch）。

ある時、映画館で予告を目にして、なぜか気になっていた映画です。気になっていたとはいっても、観に行こうとまでは思っていませんでした。「なにか変わったアクション映画だな」くらいの感覚だったのです。ところがある日、なんとなく気になって、公式サイトを観てみたのです。そして解説を読んでいると、ある一文に目が留まり、釘付けになりました。そこには、この映画が精神病院を舞台にしてはじまると書かれていました。わたしは、目覚めを描いた作品で、精神病院を舞台にした作品がいくつかあるのを知っていましたので、もしかしたらこの映画も、とても深い作品なのかもしれない、と、直感的に感じたのです。

早速翌日、この映画を観に行くことにしました。映画のクライマックスシーンを観た瞬間、わたしは頭をハンマーで思い切りガツンとやられた気がしました。この映画の原題であるSucker Punchとは、思いがけない一撃という意味です。この映画はまさに、わたしへの思いがけない強烈な一撃でした。

この映画のクライマックスシーンはなんと、主人公が自我を捨て去ることを受け入れる展開でした。この展開は多くの人には難解で、わけのわからないものと言われたそうです。また社会的な解釈で、身をていして他を助ける、自己犠牲を描いていると解釈されがちなようです。この自我を捨て去るシーンはわたしには、これ以上ないほど絶妙なタイミングで、本当にハンマーで思い切りガツンとやられた思いでした。

当時はまだ、悟りとは、光に包まれるとか、至上の至福体験というように、特殊な神秘体験と捉えられがちな風潮がありました。わたしは禅の老師をはじめとした、よい師たちと出会っていたおかげで、マインドが望むそのような特殊な状態への渇望に振り回されずには済んでいると思っていましたが、自分では気づかないうちに、実は特殊な体験を求めていたことに気づかされたのです。

この映画によってわたしは、特殊な体験を求める自我《エゴ》が崩壊すること——賢者たちが語ってきた、そのことをまったく忘れていたことに気づかされたのです。まさにハンマーで思い切りガツンとやられた思いでした。この気づきは、一時的でしたが、わたしのマインドに大きく変化を与えたようでした。数時間の間でしたが、わたしはこの世界が現実感のない、幻のような感覚を感じていました。

わたしはどこにいる？

「あなたはどこにいる？」

最初の師に、はじめて出会ったときに彼が言った言葉です。20代半ばのときです。それはまるでとんちか、禅問答のような会話でした。わたしはどこにいるか？ 当時のわたしはもちろんまだ、悟りだとか覚醒だとか、そのような言葉すら知りませんでした。ですので、彼がいったいなにを言っているのか、まったくわかりませんでした。わたしはなんの疑いもなく、自分の顔を指しました。

すると彼はこう言ったのです。「ホント？ ホントにあなたはそこにいるの？」と。

わたしは彼の言い回しに「なにか」を感じました。

彼は「それがあなたなの？」とは言いませんでした。

彼は「そこにあなたがいるの？」と聞き返したのです。

なにか深いことを言っていると感じていました。この瞬間、わたしは彼が、今まで気づいたこともなければ、観たこともない領域に気づくやり取りをしているのだと、直感的に感じました。

ですが、そう気づいたとて、彼が気づかせようとしていることがなんなのかは、見当がつきません。

わたしは今度は頭を指差しました。脳に宿っていると思っていたものを指したのです。

すると彼はまた「そこにあなたがいるの？」と聞き返しました。

わたしは今度は胸の辺り、ハートと呼ばれる場所を指差しました。

彼はまた「本当？ そこにあなたがいるの？」そう聞き返してきました。

やがてわたしは、「こころの中」とか「魂の中」とか、思いつく限りのことを言いはじめました。

その都度、彼は、「本当？ ホントにそこにあなたがいるの？」と聞き返します。

そうこうするうち、わたしもいろんなところを指差したり、言ったりしたけれど、実は自分が指し示したどこにも、確かに自分だと言い切れるものなどないことに気づきました。どこを探してみても、「ここ！」という場所が特定できないのです。どこにも「わたし」が見つけられないのです。どこにもない、本当にどんなにどこを探しても、これこそが「わたし」と特定できる場所が見つからないのでした。

どれくらい問答を続けたでしょう。彼はにこやかに辛抱強く、けして自分から答えを言うこともなく、わたしが自ら発見するまで付き合ってくれました。

わたしはそれまで、自分の身体を自分だと思っていました。またときに脳を自分だと思っていましたし、こころを自分だと思っていました。というよりも、そのようなことに注意が向いたことさえありませんでした。幼い頃は気になったこんな話題も、大人になるにつれ忘れてしまっていました。なんとなく、身体が自分で、脳が自分で、こころが自分くらいの感覚で、日々無意識に生きていたのです。でも、この問答を通して、身体のどこにもわたしらしきもの、「これがわたし」と確実に特定できるものが見当たらないことに気づかされました。見つからないのは、「わたし」だけでなく、「こころ」もどこにも見当たらないのです。どんなに探してみても、どこにも「これがわたし」と特定できるものは見つけることができませんでした。

わたしはとうとう、「どこにもないよ！」「どこにも見つけられない！」そう叫んでいました。

彼は辛抱強くそんなわたしを観、そしてもう一度「わたしって、どこにある？」と聞き返しました。

わたしは「どこにもない！　あるとしたら言葉の中だけ！　言葉の中以外、どこにもない」と言いました。

すると彼は「今、なんて言ったの」と静かに問い返しました。

わたしは「言葉の中……」とぼそぼそと答えました。

すると彼はニッコリと笑いました。それ以上なにも言いませんでした。ただわたしの言葉にニッコリとだけしたのです。この時は、それがどれくらい重要な気づきなのかは、まだわかってはいませんでした。ですが確かに言葉の中以外どこにも、「わたし」を見つけることはできなかったのです。

空間が存在する

一瞥の経験後わたしは、意識に不思議な変化が起こるのを体験しはじめました。

ある日のこと、師と対面していたら、彼の前髪がバサッとまるでＣＧ映像のように伸びて顔が隠れたり、突然、まったく別人の顔に変わったりするのを観る時期がありました。その時期は意識に大きな変化が起こっていたのか、そのような体験をよくしていました。それを観るときというのは、瞑想の、ひじょうに集中していたときの感じに似ていました。観ることなく観ているという感覚で、こころはひじょうに静かでした。そんな中でしたので、バサッと髪の毛が伸びたり、顔が変わったりしても、「うわっ」とか「すごい」というような驚き方をすることはありませんでした。ただ「おや？」というくらいの感じでした。思考が静かで、驚くという反応が起こっていない、そんな感じでした。

そんなある日、「空間」が存在することに気づく体験が起りました。家の自室にいるとき、なにもない空間に透明のゼリーのように空間が存在していることを知覚したのです。部屋の中にある机や椅子やパソコン、本棚。その机や椅子やパソコン、本棚の隙間、なにも物体のない空間に、隙間なく透明なゼリーのように空間が存在していることを、視覚でない視覚で知覚したのです。

「あ、空間がある」という気づきでした

それまでも、なにもない空間にも空気があるということは知っていましたが、空気は目にはみえません。ですから、なにもないように観える空間にも「空気がある」ということは、知識でしかありませんでした。ただの言葉、概念でしかなかったのです。ですがこの瞬間、なにもないように観えたところにも空間が存在し、どこにも隙間がないということに気がつきました。同時に、なにもないように観える空間にも「空気がある」ということを、知識で知っていただけで、実感などしていなかったことを、この時はじめて自覚しました。どこにも隙間がない。すべてが一つにつながっている。分離しているものなどはじめからない、離れているという錯覚をそれまでしていたことを、知覚として体験した最初の出来事だったように思います。

空間があることを知覚した。——これだけだったら不思議な、ちょっと特殊な神秘体験で終わりだったかもしれません。どんな出来事も現象も、その現象自体でなく、それが指し示すものがあります。言い換えるなら、それが気づかせよう、教えようとしているものです。

空間があることを知覚した。——この「空間がある」ということに気づいた体験は、わたしのマインドに、より深い気づきを与えるきっかけとなりました。それは、この物理世界においては「ない」というものは存在しないという気づきでした。

この物理世界に「無い」は存在しない、それがなにを気づかせてくれたのでしょう？ たとえば財布を開けてみるとき、わたしはそこに５００円が入っていてほしいと考えていたとします。でも中身が３００円だったとしたら、わたしはなんと言ってきたか？ わたしは「お金がない」とか、「足りない」というように言ってきました。それはそれまでのわたしにとっては、当たり前のこと過ぎて、不思議にも奇妙にも思ったこともないことでした。ですが「無いは無い」という気づきは、これまでわたしが気づくことさえなかった、あることに気づかせはじめたのです。実際には財布の中にはなにがあるでしょう？ 財布の中にあるのは３００円です。財布の中には３００円が入っています。財布の中のどこにも、「無い」とか「足りない」というものなどありません。「無い」というものは、財布の中のどこにも存在していないのです。これまでまったく不思議にも、奇妙にも思うことのなかったこと。わたしはこの時はじめて、日常の中で、実際にはありもしないさまざまな錯覚をし、それが本当だと信じ込み、疑うことさえなかったことに気づいたのです。

「お金がない」「あれがない」「これがない」、わたしはそんな言葉をよく使っていました。ですが、なにもないとしか思えなかった空間に、空間が存在することを知覚した瞬間、この物理世界においては、「無い」というのはどこにも存在しないことに気づきました。この世界に「無いは無い」、そのことにはじめて気づいたのです。では、「無い」というのはどこにあるのでしょう。わたしの最初の師はよく、「それは言葉の中にしかない」ということを言っていました。そう、「無い」は言葉の中にしかなかったのです。わたしはどれだけ、それまであるものがあるままには、まったく観えていなかったかということに気づきはじめました。

元いた場所に強烈に引き戻そうとする力

人が人生の中で生まれ変わるとき、ときにそれは苦しみとともにやってくるときがあります。ある友人が、その体験を話してくれたことがあります。

彼はとてもユニークな人生を送っている人で、実は就職経験がありません。そして、お金に困ったことが一度もありません。彼には、芸術家に支援者がいるように、生活と人生を支援する人物がいつもいました。

働いたことがない——一般的な社会の常識という視点で観たなら、マイノリティな生き方かもしれません。しかし、彼の人生はとてもユニークなものに、わたしには観えていました。そんな彼も内心、働いていないということに対して、罪悪感や焦り、劣等感を感じてもいたそうです。そのため自分が本当にやりたいことを探していると、ある時話していました。

そんなある日のこと、彼にものすごい焦燥感と恐怖が襲ってきたそうです。

それはなんの前触れもなく、突然やってきました。

「こんなことをしていたらダメだ！ 今すぐ就職しなくちゃ！」

そんな罪悪感と恐れと不安が、大波のように押し寄せてきたそうです。

それはいてもたってもいられない衝動となって、「ゆだねるなんて、とんでもない！ このままじゃダメだ！」、そんな強迫観念が猛烈に襲ってきました。そしてその衝動に、彼は飲み込まれようとしていました。それは一瞬であっても耐えがたい、焦燥感と恐怖だったそうです。もうひとときもじっとしていられない、いても立ってもいられない、そんな恐怖と焦りが大波のように、雪崩のようにどっと押し寄せ、一瞬で巻き込まれてしまったそうです。そして彼は完全に、その衝動という名の大波に、今まさに飲み込まれようとしていました。

その最中でした。彼はふいに冷静に気がつきました。——「なにかおかしい」と。

彼は突然やってきた感情の嵐に「あれ？ これ、なにかおかしい」と気がついたのです。衝動に完全に飲み込まれそうになったその最中、彼は突然やってきた衝動がまさになんの前触れもなく、原因らしい原因もなくやってきた奇妙さに気づいたのです。そして「これは、なにかおかしい」と冷静に、感情の嵐に巻き込まれそうになっていたことに気がつきました。

そして「これは、短絡的に対処に走ったりしないで、様子をみよう」――そう思ったそうです。彼は、嵐がやってくるまま、吹き荒れるまま、対策、対処をせず、抗うことをやめ、感情が荒れるままに任せ、その思いと、ただ一緒にいることにしました。

すると不思議なことが起きました。翌朝、「あれはいったいなんだったんだ」というくらい、晴れ渡った気分の空の下にいたそうです。かつて経験したことのない自由さを感じながら。


彼は後日、わたしにこの経験から次のように話をしてくれました。

「本当に人が変わるとき、元いた場所に強烈に引き戻そうと、強烈に足を引っ張るようなことが起こる」

「でも、ほとんどの人は、そのことに気づけず、元いた場所に戻ってしまう」

「そのことを、周りの人達を観てもわかるようになった」と。

わたしにもそのような嵐がやってきました。正直とてもしんどかった。それでも嵐は通り過ぎ、変化はやってきました。そこになにが働いて耐え忍ぶことができたのか、正直わかりません。もしそこになにかワケがあるとしたなら。

なにがあっても、すべて一からやり直しだなんてことは絶対イヤだ。なにがあっても、通り抜けられるという思いが、深いところにあったからかもしれません。

8

わたしとの闘い

そして恐怖は影のようにつきまとい
涙は無為に流れ続ける
そして恐怖は影のようにつきまとい
涙は無為に流れ続ける

わたしとの闘い

一瞥の経験後、仕事も人生もおおむね順調でした。ところがある時期を境に、急にあらゆることが滞りはじめました。順調だった仕事は以前と同じようには回らなくなり、わたしのマインドには不安、心配が充満しはじめたのです。歯車が噛み合わなくなり、まるですべてが空回りするかのような状態に入ってしまいました。わたしはとても焦りはじめました。そしてなんとか以前のような、順調だった状態に戻そうとあれこれ対策を練りはじめたのです。

以前のような順調な状態に戻したい。そうこの時のわたしは、感じていました。しかし、順調だった最中も、実は安心も満足もしてはいませんでした。仕事が順調なときも、どこかで「まだこのままではダメ」、そんな思いがあることに、薄々気づいていたのです。

普段気づいていなくても、いえ、気づかないようにしていても、それはいつもどこかで感じている感覚でした。わたしは仕事や他のことが順調なときであっても、いつもどこかで密かに感じていた「まだこのままではダメ」という思いに突き動かされ続けていたのです。そしてこの思いに突き動かされながら、わたしはこのことに気づかないふりをし続けていました。やり続けていれば、いつか完全な満足、完全なゴールにたどりつけると、無意識に言い聞かせ、気づかないふりをしていたのです。ですが順調だった仕事やもろもろのことが、急に回らなくなり、滞りはじめました。それはずっとこころの奥底で囁き続けてきた、「このままではダメ」と囁いてきたものがなんなのか、それに気づき、それが終わるための大切なプロセスでした。でもこの時のわたしには、そんなことはまだ思いもつきませんでした。ただ突然仕事や人生のいろんなことがうまくいかなくなり、滞りはじめた。そのことにとらわれ、それにより生じる不安からなんとか逃れたい、その思いでいっぱいだったのです。

自我《エゴ》との闘い

わたしは滞り、うまくいかなくなってしまった状況をなんとか打開しようと、いろんな対策をとりました。いろんな人に相談し、本を読み、苦手なことをやってでも、この状況から脱したいと、あの手この手を打ちました。ですが、どれもまるで焼け石に水かのように効果なく、わたしは敗北感と無力感に打ちのめされました。それでも状況を打開したかったわたしは、苦手で自分には向かないと感じ、今まではやらずにきた目標や計画を立て、それを実行することを、ぎこちないながらにもやりはじめました。

人には目標達成型と呼ばれるタイプと、展開型と呼ばれるタイプがいると言われています。目標達成型とは書いて字のごとく、目標を立て、計画を立て、それを実行することを得意とするタイプです。

対する展開型とは、その時その時興味が引かれるものや流れに導かれ、いつの間にか人生が展開するタイプです。

たとえば、展開型といえばとても典型的な話があります。

カナダのカイル・マクドナルドという男性はある時、文具の小さなクリップ一つと他のものとを交換していき、家を手に入れるというプロジェクトをはじめました。彼はインターネットでそのことをはじめ、クリップと交換したものはペンとなったり、ドアノブになったり、チケットになったり、クルマになったりと、交換されるたび姿を変えていきました。そして彼はこのプロジェクトをはじめて1年後、本当に家を手に入れたのです。彼はまさに、わらしべ長者となりました。

このように流れに乗って任せていき、成果を生み出していくタイプを展開型といいます。

わたしは目標を立てたり、計画を立てたりするのがすごく苦手でした。ですからわたしは、自分を展開型だと思ってきましたが、仕事も他のもろもろのこともがうまくいかなくなり、滞ってしまい、どうにもこうにもならなくなると、そうも言っていられなくなってしまいました。そこで苦手意識を抑え込んで、目標や計画を立て、それを実行しようとしました。ですがそれは苦手意識を無理やり抑え込んでのこと、やればやるほど苦しさを感じました。わたしは「やらなければならない」と、胸の内に苦しさを感じつつも、それを感じないようにしようとし、抑えつけながら、その苦手なことで状況を打開しようとしたのです。

また、この時のわたしは、この状況を打開するために、エゴを倒すことが必要だとも思いはじめていました。わたしはよく「自我《エゴ》を滅する」という言葉を耳にしていました。悟るとは自我《エゴ》が死ぬこととも聞いていました。ゆえにわたしは悟るためには自我《エゴ》を倒す必要があり、同時に自我《エゴ》を倒せばこの状況からも脱することができると考えたのです。こうしてわたしは苦手なことを自分に無理強いしながら、同時に自我《エゴ》を倒すことをしはじめました。

思考と思考の闘い

自我《エゴ》との闘い、それはわたしにとって思考との闘いでした。思い通りにならない最中に浮かんでくる思考です。ネガティブな思い、考えが次々と浮かんできました。「自分には力がない」「自分は成功できない」、また「あれもやららければいけない、これもやらなければいけない」そんな思考も湧いてきました。次から次に浮かんでくる思考、わたしはそれら無数に、無限に浮かんでくる思考を、なんとか止めようとしはじめたのです。

この頃のわたしは、思考は現れては消えていくもの、通り過ぎていくものだということを、知識ではよく知っていました。ですが知っていることと、それがちゃんと理解でき、闘わず、ただ顕れては消え行くままに観ていることができることとはまったく違います。わたしは、思考はただ顕れ、通り過ぎ、消えいくものと知識では知っていながら、思考を問題にし、思考を止め、無念無想の状態を作らなければならないという思いにとらわれていたのです。

　無念無想こそが理想の状態を生み出す、そんな思いにとらわれながら、それに踊らされ、そのことにまったく気づかず、思考と格闘し続けていました。

思考はビールの泡のよう

　出来事に出会うたびに浮かんでくる考え、思考。また、なにかを思い出すたびに浮かんでくる思考。実はわたしたちは「ハッ」と気がつくまで、この思考に人生を翻弄され、振り回されてきたことに、気がつかないことさえ気づきません。そしてこの浮かんでは消えていく思考を真実だと思い込みます。

　さて、今、目の前にグラスに入ったビールがあるとします。黄金色に澄んだビールの中を、無数の泡が現れてきますよね。この泡たち、どこから現れてくるのでしょう? そう、ビールそのものからですよね。気がついたら現れ、浮かんではやがて消えていってしまう。黄金色のビールをわたしという場とするなら、ビールの泡の一粒一粒はそこにひょっこり現れ、しばらくすると消えていってしまうもの、それが思考です。

　出来事に出会うたび、また、なにかを思い出すたび、この泡は湧きあがって来ます。これら泡の一粒一粒はどんなものかというと、「あの人はいい人」「あの人、なにか気に入らない」「これが正しい」「これは譲れない」「これが好き」「これでないとイヤ」「それは間違ってる」「注意してやりたい」「なんでうまくいかないのかな」「これがわたしの宝物」……ありとあらゆる思考が、出来事やなにかを思い出すたびに無限に、どこからともなく湧きあがって来ます。これらすべてが、言ってみればビールの泡です。

そしてこの無数に浮かんでくるビールの泡のような思考は、閃き、インスピレーションと同じく、どこからともなく(ここから)浮かんでくるものでありながら、その質はまったく異なります。出来事に反応して浮かんでくる思考も、なにか出来事を思い出して浮かんでくる思考も、行き詰ったときなどに考えようとして浮かんでくる思考も、今まで、つまり過去に浮かんできたものと同じようなものが浮かんできます。記憶の範囲内の、同じようなものしか浮かんでこない。それが閃き、インスピレーションといつもの思考との本質的な違いです。これら浮かんでくる思考を観察してみると、それには、ポジティブと呼ばれるものや、ネガティブと呼ばれるもの、どちらもがあります。それをよく観てみると、わたしたち（のマインド）が学習し、信じている思考だということに気がつきます。そしてこれらの思考は出来事に反応し、また、浮かんでくる思考にも反応し、自動的に、連鎖反応として浮かび続けてきます。

このことに気がつくと、考えとは、自分の意思で思考しているようで、実は自動的に浮かんでくるものだということが観えはじめます。たとえば今浮かんでいる考えを観察してみてください。その考えって、あなたがそう考えようと思ったから浮かんだのではなく、考えようと思う前に、既に浮かんでいたのではないでしょうか。

またあなたが話すとき、話そうと考えて話しているわけではなく、気がついた時には、既に口から言葉がこぼれていたのではないでしょうか。考えは考えようと思って浮かぶのではなく、気がついたときには既に浮かんでいて、言葉も発しようと思って発しているのではなく、気がついたときには既に発している。

「すべては起こっている」と言われますが、思考も行動も、気づいてみるとただ起こっています。そしてこれら思考は、ただ現れてきて、そしてしばらくすると、いつの間にか去っていってしまうビールの泡のようなものだと気づきます。

そこに「これはいい」「こうあるべき」「これはダメ！」という「判断」が、無意識のうちに、自動的に、瞬時に介入してきます。そしてわたしたちはそれにより葛藤したり、ときに人と争ったりします。が、この判断もまた浮かんできたビールの泡だということに気づきます。それは「悟りたい」「どうしたら悟れるのか」という思いも、「自分には悟れない」という思いも、同じ浮かんでは消えていくビールの泡のようなものなんですね。さらに、「ではどうしたらいいの」という思いが浮かんだとしたなら、実はそれもまた浮かんでは消えていくビールの泡なのです。

わたしは思考がビールの泡のようなものであることに気づきました。ですが、そこから「ではどうしたらいいの」「ここからどうしたらいいの」「どうしたら本当のゴールに至れるの」「どうしたら本当によくなるの」という新たなビールの泡を、ビールの泡だとは認識できず、翻弄され続けていたのです。

仏陀はこう言ったといいます。

「それは空を流れる雲のように、風に流れるように、現れては消えていく……」

闘いから降りられない

思考は現れては消えていくビールの泡のようなもの、思考それ自体にはいいも悪いもなく、ただ現れ、通り過ぎ、消えていきます。泡にはどれが正しい泡、どれが間違いの泡、どれがいい泡、どれが悪い泡などはありません。すべてが等しく現れてははじけ、消えていく。そのことをわたしは知識として知っていました。ですが自我《エゴ》を滅すること、そのために無念無想の境地に至らなければならないという思いにとらわれていたわたしは、泡と格闘し続け、泡をすべてなくそうとしていたのです。

自我《エゴ》を滅したいという思い、無念無想の境地に至らなければならないという思い、そのどちらの思いもビールの泡の中の一つであることが、この時のわたしにはわかっていなかったのです。

そしてわたしは思考をとめようと思考し続け、思考と闘い続けました。仕事も人生のもろもろのこともが、歯車が噛み合わず空回りしているかのような状態は、なんと3年もの間続きました。同時にこの3年間は、実は目覚めのためのとてもとても貴重な時期でした。しかしそんなことは当時のわたしにはわかりません。ただ「こんな状況はイヤだ！早く抜け出したい！」という思いに翻弄されるままでした。「思考と闘え！」「思考に打ち勝て！」「無念無想の境地を獲得しろ！」という思考に踊らされ、思考と闘い続けました。そしてわたしは思考に踊らされているということに、気づいていないことさえ気づかずに、踊らされるまま、思考と闘い続けたのです。

その闘いは果てしなく続き、いつ終わるかなど見当もつきませんでした。いつ終わるかわからない、終わりの見えない不毛な闘いに、ある時からものすごい嫌気を感じはじめました。「もうイヤだ！こんないつ終わるかもわからない、終わりのまったく見えない闘いはもうやめたい！」、そんな悲痛な思いが浮かびはじめました。それでもやめられない、闘いから降りられないのです。こころは根をあげ、もうやめたいと思っていても、なにかがわたしを突き動かし続け、「諦めてはいけない」「ここで降りてはいけない」、そうやってわたしを闘いから降ろさなかったのです。

わたしは闘い続けました。

同様に、この状況から抜け出したいという思いと、感じていた不安を感じたくない、解放されたい、逃げたいという思いに翻弄され、苦手な目標を立て、頑張り続けていました。

そんな状況が長く長く続いたある日、わたしは脳梗塞で倒れました。

9

脳梗塞の朝

わたしは湖のほとりに座っている。
静かな湖、静かな湖面、静かに揺れる混沌の泉。
なにも形になっていなくて、なにも言葉になっていなくて。
形になる以前、
言葉になる以前。
混沌とし、静かに揺れる量子の泉。
わたしは湖のほとりに座っている。
なにもしないで黙って静かに座っている。
湖のほとり。
混沌とし、静かに揺らぐ、それは量子の泉。
そして言葉が生まれてくる。
静かに生まれてくる。
そしてわたしはそれで遊ぶ。

脳梗塞の朝

その日、わたしは朝目覚めると、決めていた予定をちゃんとやらねばと、すぐに起きて仕事にかかろうとしました。今振り返ると、予定を入れていて本当によかったと思います。なぜなら、しんどいからと寝ていたら、そのまま昏睡状態に陥り、もしかしたらずっと誰にも気づかれず、そのままだったかもしれないからです。

わたしは、自分で立てた予定をこなさねばと、布団から立ち上がろうとしました。するとバランスを崩し、ドスンと尻餅をついてしまいました。「まだ身体が寝ぼけている」最初わたしはそう思いました。もう一度立ち上がろうとしたとき、なにやら様子がおかしいことに、気がつきました。身体の左半身が、まるで無重力のような感じで、バランスがまったく取れなかったのです。

わたしはその瞬間、ある本のことが浮びました。それはすこし前に読み返していた、脳科学者ジル・ボルト・テイラーさんの脳卒中の実体験を書いた本でした。彼女は左脳で脳内出血が起きたのですが、それがきっかけで覚醒体験をしたという内容でした。

その本を読んでいたわたしは、すぐに「脳に異常が起こっている可能性」がよぎりました。もしそうならば、それはひじょうに深刻な事態です。とくに、その本の彼女は、もとの生活ができるようになるまで、8年間にもわたるリハビリをしたことが書かれていました。

わたしは内心ぞっとしました。同時にマインドは、「なんでもない」「ただ身体が寝ぼけていて、ふらついただけだ」と言い聞かせようとしました。そして実際そうであってほしいと思いました。が、とにかくそのまま布団の上にいるのはまずいと感じました。いざというとき、助けが呼べるようにしておかなければ、そう思ったのです。そこでわたしは、タンスになんとかつかまって立ち上がりました。立ち上がるのにもかなり一苦労でした。そして、テレビや机につかまりながら、壁づたいに、まるで壁を這うようにもたれ、つたい歩きながら、なんとかパソコンや電話のある自室へとたどり着きました。

たどり着いたとき、もう既にわたしはへとへとでした。自室へのわずか数メートルで、大半の気力と体力を使い果たしてしまった、そんな感じでした。わたしは疲れ、休みたくなり、パソコンデスクの椅子にもたれ、背もたれにしばし身をゆだねました。なんだかそれはとてもここちよく、眠りに誘われていく感じでした。あまりのここちよさに、そのまま眠りに入っていきそうでした。けれども眠ってはいけないという直感がありました。

そのとき、わたしは異常な事態が起こっていることに、ハッと気がつきました。

「どうして、ここちいいの……?」

その日は1月の31日、冬の真っ只中、それも朝のとても寒い時間帯でした。にもかかわらず、身体がぽかぽかと暖かかったのです。

暖房もついていない極寒の部屋のはずなのに。

わたしは「これは異常だ」と危険な状態であることに気がつきました。すぐに助けを呼ぼうと、机や本棚につかまりながら、なんとか自室を出て、廊下へと出ました。その時点ではもう、身体を動かすことが大変な作業になっていました。さっき自室にたどり着いたときより、何倍も動くことが大変になっていました。健康なときは、多少しんどいときでも気力を振り絞ったら動けるように思っていました。しかし、このような状態になってみると、その気力自体振り絞ることが大変だったのです。それは言ってみれば、ほとんどガス欠でエンスト寸前のクルマを、なんとか動かそうとしているような感じでした。それでも枯渇した気力と体力を振り絞り、なんとか立ち上がりました。ふらつく身体をなんとか廊下の壁にもたれさせ、台所にいた家族に声をかけました。この時はもう、ほとんど体力らしい体力がなくなっていて、状況を伝えるにしても、とにかく簡潔に、最短の言葉で伝えなければなりませんでした。長い説明の会話をする気力も体力も、もうないことに気づいていたからです。

そこでわたしは本当に必要な言葉だけを選びました。「なにかおかしい、すぐに救急車を呼んで」と、力を振り絞って声にしたのです。声にしたとき、既にろれつが回っていませんでした。もうほとんど気力がなくなり、体力もなくなり、立っていることすら辛くて仕方がなくなっていました。これは一刻を争う状況だと、わたしは思っていました。そこでわたしは、救急車を呼ぶよりも、すぐ車で病院へ連れて行ってほしいと、頼みました。

気力と体力は、刻々と失われていく感じでした。車に乗り込もうとするときに肩を借りたものの、もうまったくまっすぐ歩くことはできませんでした。なんとかクルマに乗り込むことはできましたが、シートにまっすぐ座ることすらできなくなっていました。わたしはドアのガラス窓に頭をもたせかけ、辛く、気持ち悪くなっていくのに耐えていました。意識は朦朧としはじめましたが、病院まではどうにか意識を保とう、そう思い、必死に意識を今に、保とうとしました。

病院には5分程度で着いたものの、もはやガレージから院内へと歩く気力も体力も、まったくありませんでした。わたしは車をガレージではなく、正面玄関に止め、車椅子を持ってきてもらうように頼みました。やっとのことで気力を振り絞り、それだけを言葉にして伝えることはできました。正面玄関に車を止めると、警備の人が走ってきました。「ここに止めないでください」、警備の人はそう叫んでいました。「車椅子をお願いします！」、警備の人はわたしの姿を見たとたん、ただごとではないと察してくれたようで、「待っていてください」と言って、すぐに車椅子を持ってきてくれました。わたしは車椅子に乗せられ、病院の受付で先生が来るまでの間、待つことになりました。

その時でした。わたしは「あれ」を観ることになったのです。

ただ「観る者」が観ていた

わたしは先生がやってくるのを、車椅子に座ったまま待っていました。意識は朦朧とし、気力や体力はほとんどなくなっていました。どんどん気力が失われていくのがまざまざとわかりました。自分の姿をもし外から観たとしたら、おそらく目を開けたまま魂の抜けた人形のようだったのではないかと思います。車の燃料のレベルゲージが、急速に下がっていくように、意識はどんどん朦朧とし、気力も失われていくのがわかりました。

ですが、もう、必死に意識を保ち続けようという努力からは解放されていました。座禅のとき老師が言っていた、「治りたい、治りたいと言うのは、医師にかかるまででしょう、そこからは医師を信頼するだけでしょう」。その言葉が蘇っていました。

ここまでたどり着いたのです。あとは医師に任せ、わたしのやらなければならないことはもうありません。

その最中でした。

ほとんどなにも考えられなくなっている最中、そのアイデアは浮かんできました。

「このまま深いところに入っていこう」

そんなアイデアが浮かんできたのです。

おそらくいつもの感覚なら、なんとか意識を失わないように、意識を保とうと、抗うんじゃないかと思います。しかしこの時、ほとんどなにも考えることができないこの状態から、意識の深い領域へと入ってしまおう、そう浮かんできたのです。

わたしは無思考の中へと入っていきました。

この時は座禅や瞑想のように、呼吸に意識を向けるという必要さえもありませんでした。なにもする必要がありませんでした。ただ一切をやめたのです。

それだけでした。

それだけでじゅうぶんでした。

水槽の中で手を離したら、コインは自然にスーッと落ちていきます。

わたしもただ、意識を保とうすることをやめた。本当にただそれだけでした。

コインはスーッと落ちていきました。

「……濱田さん……濱田さん！」

そう呼ばれ、肩を叩かれ、わたしは我に返りました。

「先生がいらっしゃいました」そう言われました。

そしてわたしは、今自分になにが起こっていたのかに気がつきました。

景色はありました。

病院の受付もありました。

そして音もありました。

話し声もありました。

ですが、そこに、わたしが観ているとか、聴いているという感覚は全くありませんでした。後によりはっきりと、なにが起こったのかを理解することになったのですが、その時、景色を観、音を聴く「わたし」が存在していなかったのです。

わたしがいない。

誰もいない。

それは、誰一人立ち入ったことのない森深くの湖、その湖面に景色が静かに映っている、そんな感じでした。

湖面に景色が映っていることを、観る者はいない。まったくそんな感じでした。

誰もいない。だけど「なにか」がすべてをただ観ていました。

そして「濱田さん」と声をかけられた瞬間、音を聴き、景色を観る、わたしという観察者が現れました。

脳梗塞からの復活

わたしはＭＲＩやＣＴなどの検査を受けました。結果は脳梗塞ということでした。わたしは先生に恐る恐る、「手術が必要でしょうか」と聞きました。すると先生は、「その必要はありません」

と答えられました。

この言葉にわたしは、内心ほっとしました。

脳卒中のように脳内で出血する症状と違い、脳梗塞のように血管が詰まる症状の場合は、基本的になにも手を加えないのだそうです。というのも、下手に詰まりをとってしまうと、詰まりとなった血液の欠片が血管の中を流れ再び別の場所に詰まったり組織を壊してしまう恐れがあること、弱った血管が今度は破裂する恐れがあるからだそうです。ですので、自然に患部の腫れが収まるのを待ち、リハビリで機能を回復していくのだと説明を受けました。

わたしは元来楽天家だなと、自分で思うことがよくあります。この時も手術をしなくていいということで一安心し、同時にリハビリで完全に回復すると思いました。自分が回復することに疑いがみじんもなく、心配はしていませんでした。ただ気力体力もほとんど消耗していましたので、それ以上は、あれこれ考えることもありませんでした。

しばらくすると、脳外科専門の病院へと移送するとのことで、わたしは救急車に乗せられ、搬送されました。

「どうして救急車って、こんなに乗り心地がひどいんだろう」などと思っていました。

わたしは結局、二ヵ月半ほど入院することになりました。

最初にベッドから起き上がって立ち上がろうとしたとき、バランスがとれず転んでしまって、「身体の機能は気力でどうにかできる」というものではないんだなと知りました。

はじめは本当にまっすぐ歩くことができず、少なからずショックを受けました。でも必ず完全に回復すると信じていたので、「治らなかったらどうしよう」というような恐れや疑いは、まったくありませんでした。

他のことではすごく悩んだりするのに、こういうことに関しては楽天的な思考で、わたしはホントによかったなと思います。

さて、入院から二週間くらい経ってから、リハビリがはじまりました。怪我で外科に入院し、リハビリしている人もいましたが、多くは脳梗塞や脳卒中で入院した人達のようでした。ほとんどが年配の方たちだったので、わたしはその中で一番若いようでした。他の方たちは、歩けるようになること、生活をできるようになることが目標のようでした。

わたしのリハビリの目標は、以前と変わらずにスポーツを行えるまで回復すること。そのことはリハビリ担当の先生も理解していました。ですので、わたしのリハビリメニューは、他の方たちとはずいぶん違いました。

その内容は、曲芸といっていいくらいの感じでした。たとえばボールの上に座り、そのグラグラする状態で足元のビー玉を一つ一つ拾うだとか。とにかく難易度が高いメニューでした。

ある時リハビリの先生に、「これ、健康な人でも難しいんじゃないですか」と聞いたら、近くにいた看護師さんたちを指して、「彼らにはできないですよ」と、笑って話されました。

その後ちゃんと普通に歩けるようになるには、四ヵ月くらいかかりました。そんな入院生活を送る中のこと、わたしはとても奇妙な体験をすることになったのです。

肉体を流れる信号

脳梗塞を経験してすごく実感したことがあります。

それは二本の足で立っている、ただそのことが、どれだけすごいことなのかということです。二本の足で立つ、二本の足で歩く、倒れることなくバランスがとれている。それまで無意識に、当たり前にできていたことが、実はとてつもなく高度なことなのだと知りました。

一時退院の日に、自転車に乗ってみたときも、はじめはバランスがとれず、意識的にバランスをとらないと転びそうになってしまいました。自転車に乗る――そんな当たり前にできていたことも、それを意識的にやろうと思ったとき、とてつもなく高度なことだったことに気づかされたのです。普段無意識に当たり前にできていた、ただ立っているということ。ただそれだけのことでも、実は止まっているわけではなく、身体のあらゆる部分が微妙にバランスを取り合い、協調し合い、それを実現していたのです。

なんとすごい機能！　なんとすごいプログラミングでしょう！　その見事さにわたしははじめて気づき、感嘆してしまいました。身体って凄い！　ホントにそう感激しました。

リハビリにはなんと、座禅や瞑想で培ってきた感覚が、ものすごく大きな助けになりました。バランスをとり、まっすぐ立とうとか、まっすぐ歩こうとしても、各筋肉に指令や電気信号のようなものがちゃんと通信していない、この時の身体はそんな感じでした。これを頭で考え、動かそうとしたなら、とても大変だったと思います。

わたしはリハビリの先生の動きを見よう見真似でまず真似て、そしてその時に、ひじや膝がどれくらいの角度がついているとか、各筋肉がどれくらい伸びているかとか、縮んでいるかとかを、身体の感覚で感じ取りました。

それは座禅や瞑想の修行の中で、呼吸や身体の微細な感覚に気づき続けるという修行で培った感覚が、とてつもなく助けてくれたのです。これを頭で考え、こっちの足をこうして、こちらでバランスとってというようにしていたら、はじめてクルマや自転車に乗ったかのように、こんがらがってしまって、動けるようになるのに、とても時間がかかったのではないかと思います。

身体に角度や動きを覚えさせ、頭で身体を動かそうとするのではなく、身体に身体を動かさせる。身体の繊細な感覚に気づき続け、こうして新しい回路をつくりあげていきました。

さて、入院中に、ある程度歩けるようになったある日のこと。

わたしは院内の自動販売機に、飲み物を買いに行きました。ホットの缶コーヒーのボタンを押し、ガコンという音がしてコーヒーが出てきました。

さて、缶コーヒーを手に持ってみたら、温まっていなくてぬるい状態でした。わたしは「なんだ、ちゃんと温めといてよー」と、こころの中で一人愚痴りました。そして病室に戻ろうと、エレベーターのボタンを押し、待っていました。するとしばらくして、缶コーヒーを持っていた手が、だんだんくすぐったくなってきたのです。

「なんだこれ?」そう思っているうちに、ものすごくくすぐったくなって、わたしは耐え切れず、思わず反対の手にコーヒーを持ち替えました。その瞬間、わたしは驚きました。

熱い！のです。ぬるいと思っていた缶コーヒーは、実はとても熱かったのです。その瞬間わたしは、片方の手の感覚が、熱いはずのものを、くすぐったいと解釈するよう、解釈の回路が変化していることに気がつきました。普通は「大変だん！これ、ちゃんと治るだろうか」と心配するんじゃないかと思います。ですがわたしは「現実って、本当は一体なんなのだろう」と思いました。

わたしが熱いと思っているものも、他の人にはもしかしたら、くすぐったかったり、冷たかったりするかもしれない、そう思ったのです。

でも、それが不快な感覚で、思わずパッと離す動作をし、それを熱いという共通の言葉で話していたら、実はまったく違う体験していたとしても、けしてわからない。そう思いました。

そしてこれまでわたしが現実だと思ってきたものは、実は五感のそれぞれの信号が、シンクロして重なり合っているから、それを現実だと思い込んでいるに過ぎないのかもしれないとも思ったのです。現実とは一体なんなのか？それまで感じ取ったことのない感覚に、わたしは気づきはじめました。

水槽の中の脳

「水槽の中の脳」という言葉があります。

わたしたちが体験しているこの世界は、実は水槽の中の脳に電極がつながれ、その脳が観ているバーチャルリアリティなのではないかという思考実験から生まれた言葉です。

わたしは熱いはずの缶コーヒーが、くすぐったいという解釈に変わっているという体験をしました。そしてわたしは、現実って本当はなんなのだろう？ということに意識が向いたのです。

覚者たちはこの世界は幻想、マーヤだと言います。

わたしも、禅修業などで何度か意識が変性する中、止まっているはずのものが動いて観えたり形が変化するのを体験して観ていました。そして熱いという感覚が、くすぐったいに変化していることに気づきました。

では、現実とはいったいなんなのでしょう？

確かな現実、誰もが共通して同じものを観、同じものを体験しているという絶対の現実などというものはないのではないか——、そう感じました。実は五感のそれぞれの感覚がシンクロして感じていることを現実だと思っていただけだとしたら？缶コーヒーを持っている手の感触、それを観ている視覚、病院内の音を聴いている聴覚、院内の薬品のにおいを嗅いでいる臭覚、そして味覚。これら五感の感覚がシンクロナイズし、同時に起こっていることを現実だと捉えてきたとしたら？

仏陀は菩提樹の下で物質、世界を構成する最小の要素を体験の中で発見し、それをこれ以上小さくすることのできないものという意のアッタ・カラーパと名づけたといいます。そして物理学者たちはこの世界を構成しているのは、物質ではないと明言しているといいます。

では、現実とはなんなのでしょう？

わたしはこの缶コーヒーの体験を通して、これまで現実だと感じてきたものが、体験者の解釈によって揺れ動く、不確かなものであることに気づきはじめました。

死を受け入れて眠る

脳梗塞で入院し、動けるようになったあたりから、わたしは病室で目標を立て計画を実践するなどの作業を再開しました。

仕事がうまく回らない状況は変わっていません。退院したらまた、その状況が待っているのです。わたしは退院後のことを思い、なんとか状況を脱しなければと考え、あの苦手な作業をまたはじめたのでした。

なづなさんやサポートしてくれる友人たちは、「仕事のことはわたしたちに任せて、なにも考えないで、ゆっくり静養してね」と言ってくれていました。ですが退院後のことを考えると、そういうわけにはいかないと思い、わたしは病室で作業をはじめたのです。

作業を再開して、はじめは、わたしは「こんなところでも仕事をし、向上心を失わないってすごいじゃないか」と、自分自身のことをちょっと自画自賛していました。ですがこころのどこかで、いつも不安に追いかけられ、その不安から必死に逃げようとしていること、その衝動から仕事をやらなければならないと突き動かされていること、そのことに気づいてもいました。

気づいてはいましたが、そのこころのかすかな囁きより、状況を脱しなければという思い、やり続けたらいつかうまくいくという思いに突き動かされていました。

わたしは入院中も、自分が作ったスケジュールをこなすことに必死でした。毎日毎日、やらなければならないことに追われ、やり続けました。そんな状態が三週間くらい続きました。

が、三週間が経ったある日、ふいにわたしはあることに気づいてしまいました。それは就寝時間がやってきて、病室が消灯となった時のことでした。

ふいに「こんなところまで来て、いったいなにをやっているんだ」という思いが湧いてきたのです。

「オレはいったいなにをしているんだ」

「なぜこんなところまで来て、こんなことをしているんだ」

そんな思いがわたしの中に次々と浮かんできました。そしてそのうちわたしは、この「やめられない」状況は、自分の意思でやっているかのように思えていたけれど、実はなにかに突き動かされ、やり続けていることであることに気づきはじめました。

なにかに突き動かされ、やめることができずにいる。そのことに気づいたのです。

そしてそのわたしを突き動かし続けてきた「なにか」は今回に限らず、わたしをずっとずっと昔から突き動かし続けてきたものだということに気づきました。わたしはいったいなにに、これまで突き動かされてきたのでしょう？　わたしはぼんやりと病室の天井を眺めながら、そのことを感じました。考えるのではなく感じて、そして答えが浮かび上がるのを待ちました。すると、ある瞬間、それがなんだったのかがふいに明らかになりました。

わたしはそれまでずっと、湧き上がる衝動に抗うこともできず、自動的に突き動かされ続けてきました。そのようにわたしをずっと突き動かし続けてきたもの、そこにいったいなにがあったのでしょう？

わたしは、ハッとしました。わたしを突き動かし続けてきたもの、それは、

「まだこのままでは終われない」

という思いだったのです。

「まだ成功できていない」「まだ満足できていない」「まだ本当には安心できていない」という思い。

そしてその向こうには、「まだあれを成し遂げていない」「これを成し遂げていない」「まだこれを人生で体験していない」、そんな思いがあったのです。

そしてその思いが「ここで終わるわけにはいかない」「成し遂げるまでは」「達成するまでは」「経

験するまでは」終わるわけにはいかない！　そんな思いがあったのでした。

わたしをずっと突き動かしていたもの、その正体はこの思いだったのです。そしてわたしはこの思いに容赦なく、ずっと突き動かされていたのです。


このことに気づいた瞬間でした。

それまでだったらけして浮かんでくることはなかったであろう、ある思いが浮かんできました。

それは、「このままここで終わってもいい」という思いでした。

「達成できなかったこと」「やり残したと思ってきたこと」「体験できていないと思ってきたこと」、それが途中であっても、志半ばであっても、今ここで完了しよう、ここで手放そう、そんな思いが浮かんできたのです。

「やりたいこと、志半ばなことがあっても、今ここで仮に人生が終わるならば、それでいい」そう思いが浮かんできたのです。

それは、以前のわたしには、けして浮かんでこなかった考えでした。

そしてわたしはすべてを手放し、静かに目を閉じ、眠ることにしました。今このまま眠ろう、このまま眠り、仮にこのまま死が訪れるなら、そのまま死へと入っていこう。達成したかったこと、体験したかったことがあったとしても、もうそれはそれでいい。志半ばだったとしても、それはそれでもういい、このまま静かに死へと入っていこう、そう思い、わたしは静かに眠りへと落ちていきました。

わたしは死を受け入れ、思い残しのすべてを諦め、手放し、眠りへと入っていきました。

もう目覚めることなく、このまま死しても、それでよい。

そう思い、そしてその思いも手放し、静かに眠りの中へと、わたしは自らを手放しました。

こんな安らいだ気持ちで眠ったのは、いったい何年ぶりだったでしょう？ わたしはなに一つ思い残すことなく、眠りへと落ちていきました。

翌日、わたしは病院のベッドの上で目を覚ましました。それはいつもと変わらぬ朝でした。ですがなにかが変わっていました。

もう、できない自分を責め続け、無理やりなにかをやらせる必要はなくなっていました。

実体化するコップ

わたしたちが現実と呼んできたものは幻想、マーヤと言われます。

また覚者たちの多くは、わたしたちが現実と呼んできたものを、ホログラフ映像のようなものと呼ぶこともあります。

でも現実の体験、物質の体験はとてもリアルで、わたしにはとてもそのようには思えませんでした。なぜなら実際にそのような体験をしたことがなかったからです。

そんなある日、こんなことが起こりました。

目の前のテーブルの上に置かれたコップ、それが、気がついたとき、まるでホログラフ映像のようになっていたのです。それは現実感がなく、実体感がなく、まったく触れられる気がしませんでした。触れようとしたら、スカッと通り抜けてしまいそうとしか観えなかったのです。ホントにただの映像としか感じられませんでした。実体感のないホログラフの立体映像、ホントにそんな感じだったのです。

わたしはそんな映像のコップに、手を近づけてみました。

コップに近づいていく手、それも現実感なく、映像としか思えませんでした。まるでコップに手を伸ばしている映像を、テレビやパソコンのモニターで観ている。そんなふうにしか感じられないほど、それは実体感も立体感もない、映像にしか観えなかったのです。

ところが、手が、手の指先が、コップに触れそうになった瞬間でした。

突然コップが実体化したのです。

指がコップに触れるか触れないかの、まさにその瞬間、ただの映像にしか観えず、なんの実体感も現実感もなかったコップが実体化し、物質になったのです。コップになったのです。

それはまったく、映像が物質化したようにしか思えない体験でした。

脳梗塞のときに起こっていたこと

脳梗塞での入院から退院し、しばらくしてからのこと。わたしは友人の誘いで、ある座禅の老師にお会いし、お話しさせていただく機会がありました。そこでわたしは、脳梗塞のときに経験したことがなんだったのかを理解しました。

老師の話は中心から一つも外れることなくシンプルなものでした。

そのシンプルな会話に、わたしも単刀直入な質問をさせていただきました。

「老師が悟られたとき、それはどんな体験だったのですか」

そう聞きました。すると老師はこう答えてくれました。

「ある時テレビを観ていたんですよ」

「そのうち、テレビを観ていることも、テレビの前に座っていることも、みなとんでなくなってしまっていた」

「そしたら突然、夕立がざあっと凄い音で降り出したんです」

「それでわたしは、ああこれか！と」

そのような話をしてくれました。老師の話からわたしは、脳梗塞で入院したあの日、なにが起こっていたのかを理解しました。

それまでも、観ているんだけど、観ているわけじゃなかった。聴いているんだけど、聴いているわけでもなかった。そのようには気づいていました。ですが老師の話を聞いてようやく、あの時景色を観、音を聴く体験者、「わたし」という体験者、観察者が存在していなかったことを理解したのです。

「それ」は観ることなく観、聴くことなく聴いていた。でもそれは観たり、聴いたりする行為者ではなかった。「それ」は、なにも行為しないし、判断しない、善悪もない。すべてがあるままに、なにも手を加えることもなく、ただすべてをあるままに許容するものだった。そしてそのすべてをあるままに許容するものは、許容するという行為さえなかった。

そして「それ」はまさにここにありながら、触れることも近づくこともできない、傷つけられることも侵されることもない。時間もないゆえに、はじまりもなく終わりもない。はじまりも終わりもないゆえに、生まれることも死ぬこともない。

それは「観る者」と呼ばれてきたものなんだけど、それは観るという行為さえなく、言葉で強いて表現するとしたなら、それは〝在った〟。そこには「わたし」なるものは、どこにも存在していなかった。そして、そこには一切の思考はなかった。

一切の思考がない、それは一切の言葉がないことでした。言葉のないとき、そこにはなんの分離もなく、なんの物語が発生することもなく、なんの意味も存在していませんでした。そこには在るものが在るままに在り、それはまったくなんの意味もなく、まっさらだったのです。

わたしはこの瞬間、意味は言葉の中にしかないことを知りました。意味は、そして分離は、言葉の中にしかなかったのです。そして言葉なくして、意味も、分離も、どんな物語も存在し得なかったのです。

この世界は中立で、本来、いいも悪いもない。わたしたちは、そう何度も本などで目にし、耳にしてきました。ですが、わたしがあの日観たのは、いいも悪いもなく、中立というものさえ存在していませんでした。中立という概念は、いいや悪い、正しいや間違いという概念があって、はじめて存在するものでした。あの時、中立というものさえ存在していなかった。それは本当にまったくなんの意味もなくまっさらだったのです。

これを経験する前、なんの意味もないと聴いたら、虚しいことのように解釈したかもしれません。ですが虚しいというのは言葉、思考の中にしか存在しないことが理解されました。そしてそれは、本当に言葉の中にしか存在しない。

世界は本当にまっさらなのだと、はじめて経験から理解されたのです。

あれ？　なにを言っているんだろう？

脳梗塞のときの体験は、大きな反響を生み出しました。その結果、雑誌や講演など、いろんなところでお話をさせてもらうことになりました。また、あちこちでお話させていただく中で、あの体験を通した気づきと理解が深まっていく経験もすることにもなりました。

そんなある日のことです。わたしはとても奇妙なことに気づきました

その日も講演で、脳梗塞のときの体験談をお話しさせていただいていました。

その時何人かの方が「わたしたちって学ぶために生まれて来るんですね」とか、「この世界にわたしたちは修行しに来ているんですよね」とか、「わたしたちが自分でそれを選んでいるんですよね」などの言葉を耳にしました。どれも、わたしがそう思ってきた言葉です。

ですがこの時、とても奇妙な感覚が湧き上がってきたのです。

「あれ？ いったいなにを言っているんだろう」

そんな思いが浮かび、そして一瞬ですが、なにを言っているのかがわからなくなったのです。

それはとても奇妙な感覚でした。

あの日、病院の風景を観、音を聴くわたしはどこにも存在していませんでした。そして存在していないということに気づくわたしも、どこにも存在していませんでした。

と同時に、いっさいの思考は生まれず、思考が生まれないゆえになんの言葉も生じてきませんでした。まったくなにも起こっていなかったのです。そこにはなんのドラマも、意味も存在していませんでした。あるものがただ、あるだけでした。

「学ぶために来た」

「自分で作り出している」

これらの言葉を耳したとき、それは言葉の中にしかないという気づきが浮かんできました。

本来、あるものがあるに過ぎない。あるものがあるままに存在している。だけどマインドは意味を、理由を知りたがる、つけたがる。まるで意味や理由を知れば、納得ができるかのように。

そしてこのことを通して、わたしはこれまでなんの意味も色づけもないこの世界というスクリーンに、わたしが信じ込んでいる「思い込み」を投影してきたことに気づきました。

この世界は本来、まっさらな映画館のスクリーンのようなもので、本来なんの意味も色づけもされていなかったのです。

そんなまっさらなスクリーンにわたしはこれまで、自分（マインド）の思い込みを投影し、それを現実だと勝手に思い込んでいたのです。思い込みをスクリーンに投影し、それを好きとか嫌いとか、これはこういう意味だとか意味づけし、それに対して快とか不快とか、執着とか嫌悪の〝反応〟をし、それを本当だと思い込んできたのです。

が、スクリーンはまっさらで、本来なんの意味もなかったのです。そこにわたしが感じていた好きとか嫌い、快とか不快、執着とか嫌悪とかは、わたし（のマインド）が信じ込んでいる思い込みをスクリーンに投影し、それに対してわたし自身(マインド）が反応していたのです。

この世界は本来、まっさらな白紙のスクリーンのようなものだったのです。そしてそこに投影する思い込みも、なにを信じているかによってまったくその意味が変わってきます。どうそれを捉えるかという解釈、反応の仕方で、まったく違ってしまうものだったのです。

仏陀は悟りをひらいたとき「真理はない、それが真理だ」と言ったといいます。わたしたちが信じることも、なにを本当だと観るかによってまったく変わってしまう、正しい答えのない、脆弱で不確かに揺れ動くものだったのです。

絶対の真実はない。あるのは無限に変化し続ける変化だけ。

脳梗塞の経験は、わたしにそのことを理解させてくれたのでした。

10

わたしからの解放

はじまりもなく終わりもない、
「それ」はなんぴとも近づくこともできず、
ゆえに傷つけられることもない。
時間も無く、空間もない、そして無いということもない。
どこも分かれておらず、分かれていないということさえもない。
すべてがそれであり、わたしは「それ」なのだ。
でもそれがわたしの人生と日常に、
どんなよきことを与えてくれるのだろう？
そして「それ」は、生の中で花開く。

わたしからの解放

脳梗塞の体験は、わたしの中の「なにか」を変えました。

しかし、仕事が以前のようにはうまく回らないという状況は、変わっていませんでした。以前ほどではなくなりましたが、相変わらず不安や葛藤は訪れ、わたしはそれに悩まされ、ときに苦しんでいました。

が、わたしがそのようなことに意識を奪われている最中も、実は着々と見えないところで変化は起こっていました。そして「その時」が訪れたときの為の知識も、わたしのもとに届いてきていたのです。

ある時、師の一人はわたしにこう言いました。

「すべてをゆだねたら、奇跡が起こりますよ」

言っている言葉はわかりました。ですがそれがどういうことなのかは、この時のわたしにはよくわかりませんでした。

「直感で選択して生きるということかな」

そのくらいのことと、わたしは捉えていました。すべてをゆだねるということがどういうことなのかが、この時のわたしにはわからなかったのです。

なにも決めないのが一番いいんだけど

また、別の師に、歯車が噛み合わない状態がずっと続いていて、困っていることを打ち明けたときのこと。こんなことがありました。

師はわたしにこう聞いてきたのです。

「マスターが本当にやりたいことって、なんですか」

そう聞かれたわたしは、自分の実現したい夢のことだと思い、わたしが叶えたいと思っていた夢のことを話しました。

「海の見える丘の上に立つ、白い壁に赤い屋根の美しい建物、一階は大きなガレージになっていて、そこにはわたしの好きなクルマやオートバイ、自転車がピカピカに磨き上げられ、並んでいる。その奥にはバーカウンターがあって、訪れた人たちとそこで語らう」

そんな夢を話しました。

すると師はニコっと笑い、こう言いました。

「そんなの小さいですよ」

「え？　小さい？……小さいですか？」

「ええ、そんなの小さい小さい（笑）」

夢が小さいと言われたと思ったわたしは、もっと大きな夢を思い描こうとしました。ですがなにも思い浮かびません。わたしはどうしたものか困ってしまいました。

するとは師はもう一度言いました。

「マスターが本当にやりたいことですよ」

そこでわたしは、考えても思いつかない、考えても記憶の範囲内のことしか浮かんでこないと気づき、静かに目を閉じ、なにかが浮かんでくるのを待つことにしました。静かに待っていると、ある映像が浮かんできました。それは子供が画用紙にクレヨンで描いたような、お陽さまの絵でした。ふいにそんな映像が浮かんできたのです。

「なんだこれ」と一瞬思いましたが、静かに待っていると、考えではなく口から先に言葉が漏れてきました。

「……愛すること」

そう言葉が漏れてきたのです。

すると師はニッコリ笑って、

「そう！　そうですよ！　マスターは愛するだけでいいんですよ、それだけですべてがうまくいくんです」

そう言いました。

「愛すること？」

わたしは、それがどういうことか？　なにをどうしたらいいのかもわかりませんでした。この時のわたしにはまだ、「愛すること」というのは誰か対象となる人に、なにかをしてあげることだとしか考えつくことができませんでした。

愛の存在で在ること、愛の場であることという発想は、この時のわたしにはまだ浮かんではきませんでした。

ですので、「愛することって、どうしたらいいの……?」と困ってしまっていました。

そして師は、こうも聞いてきました。

「なにをしたいですか? なにも決めないのが一番いいんだけど」と。

「なにも決めない?」

わたしはこの言葉にも困ってしまいました。

先の師の「すべてをゆだねたら奇跡が起きる」という言葉を聞いたときに、「直感で選択することかな」という思いが浮かびましたが、この時も同じく「直感で選択すること?」というふうにしか捉えられませんでした。そして「なにも決めないなんて、そんなこと怖くてできないよ」という思いも浮かんできました。

この時のわたしには、ゆだねるということも、なにも決めないということも、どうしたらいいのか理解できない世界のものだったのです。

その後、この師たちの、この圧縮ファイルの言葉は、やがて解凍され花開いてくれることになりました。

転機のきっかけ

仕事が思うように回らない状態になってから、もう3年が経とうとしていました。以前ほどは気分的に苦しまなくなったものの、いつ抜け出られるかわからない迷路の中を彷徨い続けているような状態は、わたしを不安にさせ、気分がホントにクリアになることはありませんでした。そんな最中でした。大きな転機がやってきたのです。ですがそれは最初、素晴らしい転機のきっかけとなる出来事だとは、わたしにはみえませんでした。

ある日のこと、わたしは経営者たちの集まる食事会のお誘いを受けました。声をかけられた最初、わたしはどこか気乗りしませんでした。

が、気分転換になるのではと思い、出かけることにしたのです。会場に着くとたくさんの自営業者、経営者の人たちが集まっていました。

あちこちで名刺交換が行われ、「わたしは医師です」とか、「わたしはセラピストです」とか、「デザイナーです」「○○の会社を経営しています」と、みな口々に自分の肩書きを紹介していました。

実はわたしはこういう場所に来ると、いつも困ってしまっていました。というのも、「なにをしているんですか」と聞かれたとき、いつもどう自分のやっていることを説明していいのかわからなかったからです。自分の肩書きをどう言ったらいいか、いつも困ってしまっていたのです。

そんな中、知人がみなに向かって、わたしのことをこう紹介しました。「彼は悟りのことをやっている人です」と。「ちょ……ちょっと、ちょっと！」。わたしは内心、この紹介に戸惑ってしまいました。ますますどう説明していいかが、わからなくなってしまったからです。「ちょっと！悟りだなんて！　そんなの興味や関心があり、それがどういうものかを知っている人でないと、なんのことかわからないじゃないか！　そんなのなんて説明したらいいの⁉」そう思い、わたしは困ってしまいました。

するとある一人の人がこう声をかけてきました。

「悟りってなんですか」って。

わたしがなんて説明したものかと悩んでいると、ふいにその場にいた一人の男性がこう言いました。

「悟りってのはね、ほら、インスピレーションっていうか、閃きが降りてくることがあるでしょ？　あれのことですよ」

この言葉を耳にした瞬間、わたしはこの言葉に思わずカチンときました。そしてわたしの中に突然、怒りの感覚が湧き上がりはじめました。

「閃き？　閃きが悟りだって⁉」

口には出しませんでしたが、こころの中でそんな叫びが湧き起こりました。

「確かに間違いじゃあない。だけどそれが悟りだっていうんなら、なぜインドやヒマラヤに行って、命がけの修行をする人たちがいるんだよ！」

「わかっていないヤツが、自分はわかっていると思い込んで、その思い込んだ考えを真実だと言う！ そして間違った情報が広まり、混乱が引き起こされるんじゃないか！」

そんな思いが激しい怒りとともに爆発しました。

わたしは、このことに激しく反応しました。怒りの感情が湧き起こり、それに火がつき、その感情は激しくわたしの中で燃えさかりだしたのです。ものすごく腹が立ちました。声には出しませんでしたし、なにも言いませんでしたが、なぜかものすごく、このことに腹が立ち、激しい怒りの感情が湧き出て荒れ狂い出したのです。

結局わたしはなにも話さず、会が終わるとともに、その場を立ち去りました。

なぜこのことに、こうまで激しく反応したのでしょう？

業火

「悟りって閃きのことだよ」

あの言葉を耳にして以来、なぜかことあるごとにそのことが蘇ってきては、わたしはものすごく腹を立てるようになりました。

普段忘れていても、ふいになにかのきっかけで思い出すと、もう収まりません。怒りがぐわっと湧き上がり、そこからはもう腹が立って腹が立って仕方がないのです。しかもこのことはしょっちゅう思い出され、そのたびにものすごく腹が立ってくるのです。

「なぜ、そんなことがそんなに腹が立つの?」って思われるかもしれません。腹が立つ理由が、この時のわたしには疑いようのないものになっていました。

その理由とは「わかっていないヤツが、自分はわかっていると思い込み、その思い込んだ考えを正論だと言い放つ、そしてその間違いが広まって、混乱が起こるんじゃないか!」というものでした。こう思いが浮かび、そのことにわたしはものすごく腹を立てるのです。これはわたしの中にずっとあった、ある「思い」から引き起こされるものでした。ですがこの時はまだ、腹が立つ理由が本当だとしか思えず、そして怒りの感情に思いきり巻き込まれ、「なにがこの反応を生み出しているのか」なんて冷静に観ることはできませんでした。

とにかく、ことあるごとに思い出し、そのたびにわたしはものすごく腹を立て続けたのです。思い出しては怒り、思い出しては怒りのこの繰り返しは、三ヵ月もの間続くことになりました。

浄化の炎~そして

思い出しては怒り、思い出しては怒りの繰り返し。三ヵ月経ってもこの繰り返しは続き、この怒りは一生続くようにしか思えない感じでした。どう終わらせたらいいのか、どう手放せばいいのか見当もつきませんでした。と同時にわたしは、この怒りを手放したくない、持ち続けていたいという感覚があることを、どこかで感じ取ってもいました。

「思い込んだ考えを真実だと言い、それによって間違った情報が広まり、混乱が起こる」その元凶を生み出す者を許してはいけない！　だから手放してはいけない！　手放したくない！そんな思いを感じていたのです。そして実際手放せずにいました。

よく時代劇などで、「生まれ変わってもこの恨みは忘れない」なんて台詞が出てくることがありますが、まさにこの怒りはそんな感じでした。どうしても手放すことができないこの怒り。ですがそれでも、はじまりのあるものには終わりがあります。三ヵ月が経ったある日、その時がやってきました。わたしはその日、久しぶりの友人と会っていました。彼は大きなグループ会社のオーナーで、わたしの友人であり、そして覚醒から生きる人でした。彼のビジネスの非凡な成果は、人生という場に、現象として顕れている。ノウハウやテクニックとは別の次元で、彼という場にビジネスの成果が顕れる、生起している。まさにそんな感じなのです。

彼とわたしは、お茶をしていました。いろいろ話すうち、わたしは彼に以前から依頼したいと思いながら躊躇していた、あることを頼むことにしました。彼はわたしが、歯車のかみ合わない、ガタガタの3年間をすごしていることは知っていました。そして仕事が以前のようにうまく回らなくなって、悩み続けていることも知っていました。

そこでわたしは彼にこう切り出しました。

「仕事のコンサルティングを頼めないかな」

そう言いました。

すると彼は少し考えてから、わたしにこう言いました。

「マスターに今、僕がビジネスの専門的なことを話しても、きっとピンと来ないと思うよ」

「そんなことより大丈夫だから」

彼はただそう言いました。

わたしは彼の言った「ビジネスの専門的なことを言っても、ピンと来ない」という言葉に、不思議に納得しました。「ああ、そうだよな」そう思ったのです。なぜかとてもしっくりきました。

そして彼は「それに僕がコンサルしたら、300万円とかかかっちゃうよ」と、冗談っぽく笑いながら言いました。わたしはなぜか、この時とてもしっくりくるものを感じました。

さて、本当に影響力のある人との接触は、ときに、ただ一緒にいただけで「なにか」を変えます。よく「本当に成功したいなら、成功者に会いに行け」という言葉がありますが、その本質はまさにこのことです。昔のわたしは、この言葉を、成功者のところに行って成功のノウハウを教えてもらうことだと思っていました。が、この言葉が指し示すことの本質は、そういうことではありませんでした。本当に影響力のある、目が覚めた人と同じ空間をすごすことは、それだけで「なにか」を変えてしまいます。わたしの最初の一瞥のときもそうだったように。

この日、彼とお茶をし、同じ空間をすごしたことも、わたしの「なにか」を変容させたのです。

彼と別れてしばらくすると、わたしはどうしたことか、どっと疲れが出ました。エネルギーの強い人だから、なんか当たっちゃったかな？ そんなことを考えたりしました。食事をして帰るつもりだったのですが、とても疲れてしまったわたしは、まっすぐ家に帰ることにしました。

そして家に帰ってしばらくしたときでした。ふいにあの怒りの記憶が、湧き上がってきたのです。この時の怒りは、それまでとは、激しさがまったく違っていました。

それは凄まじいほどの怒りの炎でした。いつもならとにかく腹を立てるだけでしたが、この時はどうにも怒りが抑えられなくなってしまったのです。

「今すぐ、あのわかってないヤツのところへ行って殴り倒したい！」

もちろんそんなことはしません。それはわかっていました。どんなに激しい怒りがごうごうと燃え盛ろうと、そんなことをしないことはわかっていました。しかしこの時の怒りは、抑えきれない衝動で、わたし自身がパンクし、破裂しそうなほどでした。そんなどうしようもない怒りの炎が、荒れ狂い出したのです。かつてここまでの怒りが燃え上がり、荒れ狂った経験はありませんでした。そしてこれまで抑え込んでいた、あらゆる理不尽さが怒りとともに噴出し、爆発しました。

わかっていない者が、自分が信じ込んでいることを正論だと言い張り、それを押しつけようとする社会！

そんな者が自信たっぷりに、偉そうに闊歩して許されている社会!

なんでそんなことが許されているんだ!

なんでこんな世界に生まれてこなければならなかったんだ!

強くあることを要求され、やさしくあることを要求され、悩んでいたら悩むなと言われ、頼んでもいないアドバイスをされ、落ち込んだら落ち込んじゃいけないと言われ、他人と比較され、怒ると「なぜ怒るの?」とわかってもらえず人間が小さいと言われる。なぜそんなことを要求されなければいけないんだ!? なんでこんな理不尽な世界に生まれてこなければならなかったんだ!

自分がいったいなにをしたというんだ!?

そんな封印されていた怒りが、怒りの炎に引火し、爆発しました。

わたしは、わたし自身の怒りの炎にもみくちゃにされ、むちゃくちゃに振り回され、そして全身を容赦なく焼かれ続けました。手のつけられない怒りでした。

その最中でした。まったくそんな最中でした。なにかが起こりました。突然なにかが起こったのです。この瞬間ふいに、それまでのわたしが世の中のあらゆる常識を、義務を、役割を生きなければならないと、思い込んできたことに気がついたのです。

男であることの義務、社会人としての義務、大人としての義務、親としての義務、親にとっての子としての義務、納税者としての義務、あらゆる義務と役割に、わたしは縛られ、その役割を生きなければならない、そうしないと生きていけないと思い込んできたことに気がついたのです。

また、わたしは肩書きがなければならないと、思い込んでいたことに気づきました。それまでのわたしは内心、名刺を持つことが嫌でした。名刺を渡したら、なにをしている人なのかを聞かれました。だけどわたしは、自分のことをうまく説明できませんでした。世の中にあるいろんな肩書きもしっくり来なかったし、実際、どんな肩書きを考えてみても、居心地の悪さというか違和感を感じていたのです。

人々は自分のことを、セラピストですとか、コンサルタントですとか、エンジニアですとか、医師ですとか、そんなふうに自らを紹介しました。わたしはそれがうまくできませんでした。それをしようとするほど、自分らしくないおかしな感覚が湧き上がり、そして「わかってもらえない」という思いを感じていたことに気がついたのです。

わたしはこの瞬間、突然、これまでわたしが、義務に、役割に、縛られながら、それを生きなければ、この世界で生きていけないと思い込んでいたことに気がつきました。そして肩書きがなければいけないと、思い込んでいたことに気がつきました。そうしないと生きていけない、そうしないと社会からドロップアウトしてしまう。そう信じ込んでいたことに気がついたのです。ですがそんな義務や、役割や、肩書きが、たまらなく窮屈だったのです。魚が水槽の中で、口をパクパクさせながら必死に酸素を求め続ける。そんな息苦しさを、いつも感じていたのです。そんなものに縛られたくない、そうずっと感じていたことに気がつきました。嫌だけど、そうしないと、この世界では生きていけない、そう言い聞かせ続けていたことに気がついたのです。

その瞬間でした。なにかが起こりました。そしてわたしは思いました、思いが浮かび上がってきました。

「もう役割も、義務も、肩書きも、すべて放棄してやる！」

「もうこれからは、わがままに、自分勝手に生きてやる！」

そう思いが浮かんできたのです。そして本気でそうしようと思いました。

そしたら。

「あれ？」

可笑しなことに気がつきました。

「もうこれからはわがままに、自分勝手に生きてやる！」

そう思った瞬間、

「あれ？……はじめからそうじゃないか……」

わたしは今までも、わがままで、自分勝手に生きてきたことに気がついたのです。

「なにも……なにも変わらないじゃないか」

わたしは可笑しくなりました。可笑しくて可笑しくて、仕方なくなったのです。

「なんだ！今までもずっと自分勝手で、わがままだったじゃないか！」

「なんにも変わらないじゃないか！」

そのことが観えた瞬間、可笑しくて可笑しくて、そしてわたしは吹き出しました。

するととても不思議なことが起こったのです。あんなに腹を立てていたあの日のことが、なぜ腹が立っていたのかがわからなくなっていました。わたしは役割を、義務を、肩書きを生きることをやめました。立場はなにも変わりません。今までとなにも変わらず、社会人であり、納税者であり、親であり、人の子であり、一人の人間なのです。役割、義務、肩書きだけがするりと落ちたのです。そしてわたしは、自分は肩書きでも役割でもないことを理解しました。

この瞬間、わたしは誰でもない、ただの「わたし」に還ったのです。

訪れた自由

こうしてわたしは、それまで無意識に信じ込んできた、自分を役割や義務と同一化していたことから解放されました。

「わたしは誰でもないただのわたしだ」

気づき、理解したのはこれだけでした。ですがそれが、わたしの中の「なにか」をはっきりと変えたようです。気づき、理解したから変わったのか、変わったことにより気づきと理解が訪れたのか、それはわかりませんでした。なにかが根本的に変わったのは、間違いありませんでした。

こころがとても軽くなったのです。そしてなにがあっても大丈夫ということが頭ではなく、感覚として理解できるようになっていました。

師たちが言っていた、

「すべてをゆだねたら奇跡が起こる」

「なにも決めないのが一番いいんだけど」

このことを感覚的に理解し生きられるようになりました。

3年間続いた、歯車が噛み合わず、仕事も人生のあらゆることもが空回りしていたあの感覚、いつ終わるのか、出口がどこかもわからないあの感覚、それから抜け出たんだというのを、どこかで実感しはじめました。

なにがあっても大丈夫、その理解はわたしをこころの苦しみからようやく自由にしはじめてくれたのです。その頃からです、わたしに長い間忘れ去っていたいろんな記憶が蘇りはじめました。

0歳児の頃の記憶

実はわたしには、0歳児のときの記憶があります。

覚えているといっても断片的なものでした。木枠のベビーベッドに寝かされ、天井にはガラガラ音を奏でながら回るおもちゃが吊るされている場面。昔住んでいた家の玄関で、ハイハイしていて床がとても近く、天井はとても遠く、いろんなものが巨大に見えている場面。ベビーカーを覗き込む大人という巨人たちの顔。

そんな場面を断片的に覚えているのです。とくにはっきりと覚えているのがベビーベッドから観える、天井から吊り下げられた、あのガラガラいいながら回るおもちゃでした。

まわりからは「赤ちゃんの、しかも0歳のときの記憶があるなんてめずらしい」と言われていましたので、潜在意識の浄化のワークに凝っていた頃は、なにかトラウマ的な記憶と関係あるのかなと思い、ずいぶん調べてみたことがあります。あのベビーベッドでの光景では、誰も周りにいなかったから、孤独を知った場面なのではないか? とか。ですがどんなに調べてみても、なにも出てはきませんでした。ずいぶん深く調べてみたのですが、なにも出てきませんでした。

そして、目が覚めてから気づきました。そこには理由も、原因もなかったのです。ですからなにも出てこなかったのは、しごく当然のことだったのです。わたしはただ、風景を観ていただけでした。そこに気づくことがあるとすれば、観ているということに気づいていた。「気づいているということに気づいていた」ということでした。観ているものが、観ていること気づいていた。そんな場面だったのです。

わたしが誰でもないただの「わたし」に還り、目が覚め、深まっていくと、忘れていた0歳児の頃の記憶がどんどん蘇りはじめました。そしてあることを思い出しました。

それは0歳児のとき、時間は存在していなかったということでした。

あのころ、わたしには「わたし」という概念は存在していませんでした。ですから、わたしが風景を観ているという認識も存在していませんでした。風景を観ているとか、観えているとかもなく、風景はそこに映っていました。

映るものを観ることなく、映るままに観、聴こえるものを聴くことなく聴いていたのです。観察者、体験者がいない中、ただ風景も音も、そこにありました。0歳の時、自分なんて概念もなければ、自分という認識も、感覚さえもありませんでした。

「自分が観ている」なんて感覚など、まったくなかったのです。そして時間は存在していませんでした。ですから朝、昼、夜などという区別もなければ、そのような時間の流れもありませんでした。眼が開いているときは風景が観え、眼を閉じ、眠っているときは真っ暗がありました。意識は眠ることなく観ていたのです。眠っているとき、眼を閉じているとき、風景は消え、真っ暗でした。起きているとき、眼が開いているとき、明るく、そこに風景がありました。明るくなり、暗くなり、永遠にそれだけが続いていたのです。

また、音も、今とはまったく聴こえ方が違いました。遠くの音、小さい音という区別などありませんでしたから、すべての音が同時に聴こえていました。今ならとてつもなくやかましく感じる感覚です。すべての音が大合唱しているのです。台所から聴こえる食器のガチャガチャという音、水道の音、往来を歩く人々の話し声、それらが大音量で聴こえていました。今は聴こえる音、聴こえない音、選別され聴こえない音というのがありますが、その時はそんな選別、識別などありませんでした。すべての音が、大音量で聴こえていたのです。

ところがある瞬間、物心が生まれたとき、途切れることなく続く永遠に、「永いな、嫌だ」というような気持ちが生まれました。

永遠の今が、「時間」に変化したのです。それは時間の感覚が生まれ、自我が芽生えた瞬間でした。

今振り返って観てみると、長いなと解釈し、感じたのはマインドだったことに気づきます。

そして、目覚めが深まる中、次々と記憶は呼び覚まされはじめました。

恐竜の夢の記憶

「誰でもないただのわたし」に戻ってから、ずっと忘れていたこんな記憶も蘇ってきました。その記憶は、あの幼い日の洗面所の記憶同様、あまりに強烈な記憶の体験で、同じく長い間、記憶の底に封印され、忘れ去られていたものでした。

それはまだ3歳くらいの頃みた夢でした。

わたしは気がつくと、洞窟の中にいました。着ているのは、布団に入り、眠りについたときに着ていたのと同じパジャマ。

それはまるで、布団に入って眠ったはずが、目が覚めたら洞窟にいた。そんな感覚でした。その洞窟はとても狭くすぐに行き止まりで、奥行きはせいぜい１・５メートル程度。高さも自分の身長程度しかありませんでした。

狭い狭い洞窟でした。足元にはなぜか無数の新聞紙が散らばっています。そこに突然、巨大な恐竜が、入り口から顔を突っ込んできたのです。ものすごく獰猛な恐竜は牙をむき、頭を洞窟にねじ込んできて、わたしにかじりつこうとしていました。激しく上下左右に頭をねじり動かしながら、噛み付こうとする恐竜。わたしは恐怖で、洞窟の奥に必死にへばりつきます。ですがそこはすぐに行き止まり。わたしは必死に泣き叫びながら、今まさに足に噛み付こうとする恐竜から逃れようと、行き止まりの壁にすがり続けました。

凄まじい恐怖でした。行き止まりでどこにも逃げ場がない。他に誰もいない。助けてくれる両親もいない。狭いところに閉じ込められ、孤独で、逃げ場もなく、行き止まり、そして容赦なく死の恐怖が襲ってきます。それは本当に凄まじい恐怖でした。

この怖い怖い夢の記憶は、あの洗面所の記憶同様、記憶の奥底に封印され、忘れてしまっていました。ですが、わたしが「誰でもないただのわたし」に還ってから、ふいにこの夢のことも思い出されたのです。これらの記憶は、表面意識では忘れ去られていましたが、でも潜在意識の奥深くではずっとわたしの中にあり、わたしが迷い込み閉じ込められたと感じていたこの世界から抜け出したいという、潜在的な願いにつながっていたのかもしれません。

砕けたレコード

そしてもう一つ、ずっと忘れていたある記憶が蘇ってきました。

これもまた2歳か3歳の頃の記憶です。それはまだ、わたしに「わたし」という自意識が生まれる前のことでした。

わたしはこの頃、とてもお気に入りのレコードがあって、毎日毎日まったく飽きることなく、このレコードを聴き続けていました。覚えてはいないのですが、母によると、わたしはいつもこのレコードの曲を聴きながら踊っていたそうです。

そんなある日のことでした。わたしはその日もレコードを飽きることなく聴いていました。寝る時間が過ぎても、やめることなくレコードを聴き続けていたわたしの態度は、父のなにかに触れてしまいました。寝ないでレコードをかけ続けるわたしに、父は突然激怒したのです。そしてレコードを取り上げると床に叩きつけ、レコードは粉々に砕けてしまいました。

その瞬間、わたしは突然この現実世界に立っていました。気がついたら、レコードの砕けたかけらの散らばる床の上に立っていたのです。わたしは突然の出来事に、なにが起こったのかがまったくわからず、号泣し泣き叫びました。なにがどうしてこうなってしまったのか、まったくわけがわからなかったのです。

父の怒号が響く廊下で、わたしは号泣し続けました。

砕けたレコードが散らばる床には、血も落ちていました。

おそらく父が手を切ったのではないかと思います。

パニックになったその時のわたしには、そんなことはわかりませんでした。わたしはそれまでレコードから歌が聴こえるのは、レコードの中に人がいると思っていました。ですからわたしはこの血を見たとき、レコードの中にいた人が死んでしまったと思ったのです。もうけして元に戻ることはない、取り返しのつかないことが起こってしまったとわたしは思い、わたしは絶望しました。

幼い、自我意識がまだ形成されていないときのわたし、日常のほとんどは、ひらかれた無意識でした。日常のほとんどを無意識にすごす幼少期、そこにレコードを聴きながら踊っていたのですから、完全な無意識状態だったでしょう。音楽と一体となり、踊りと一体となり、完全な無我であり、完全なひらかれた無意識だったのだと思います。そこに突然レコードが砕け、わたしは現実世界の重力につかまってしまいました。自我意識が強制的に芽生え、危険を知り、こころを閉じて、みずからのこころを守ることをはじめたのでしょう。

異性に投影していたもの

気がつくと、以前わからなかったことが、いつの間にか、なぜわからなかったのか、わからなくなっている。気がつくと、以前難しいと思っていたことが、なぜ難しいと思っていたのかが、わからなくなっている。わたしが誰でもないわたしに還ってから、そのような形で、いつの間にかマインドの質と、考え方の習慣が変化していることに、わたしは気づきはじめました。

そんな中、まさに目が覚まされた、わたしにとってとても大きな幻想だったものがあります。

それはわたしが惹かれるタイプの異性に、投影していたものでした。

誰にも異性の（または同性の）憧れのタイプというものがあることと思います。かつてのわたしのタイプだったのは、キリッとして自立した感じのカッコいい女性でした。それが以前のわたしの憧れのタイプでした。ところが、誰でもないただの「わたし」に還り、目が覚めていく中で、これまでのさまざまな思い込みが、解かれていくことが起こりました。すると、わたしの憧れだと思っていたタイプ、惹かれていた異性の姿に、わたしのマインドがなにを投影していたかが、観えるようになってきたのです。

わたしはそれまで、惹かれていた異性になにを投影していたのでしょう？　実はわたしは、そこに自らの二つの思考を投影していたことが観えてきました。

一つはなんと、わたし自身の理想の姿でした。

わたしは背が高く、目鼻立ちがはっきりし、眉もはっきりとした、目のパッチリした女性に惹かれる傾向がありました。以前は、初恋の人がそうだったから、それが自分の憧れのタイプだと思っていました。ですが目が覚めてみると、実はそれは自分の理想の姿だったことがわかりました。背が高く、姿勢よく、目鼻立ちがはっきりしていて、目がパッチリして、カッコいい。それは、わたし自身のそうありたいという理想の姿、そんなマインドが投影されたものだったのです。

よく恋愛ドラマなどで「あなたは自分のことが好きなのよ!」なんて台詞が出てくることがありますが、ある意味本当にそれだったのです。以前のわたし(のマインド)が惹かれる異性に投影していたもの、それはわたし自身の、こんな自分になりたい、こんな自分で在りたいという理想の姿だったのです。

そしてその投影の背後には、わたしはこのままではダメだという完璧主義的な思考、その背後の対となる、劣等感のような思い込みがあったことが観えてきました。

これは、「いい、悪い」「正しい、間違い」という判断があらゆる思考や気づきに侵入していたときには、わからないことでした。善悪の判断というシステムから自由でなければ、観えてこないことでした。

そして、以前のわたし(のマインド)が惹かれる異性に投影していた、もう一つのものがありました。実は、この幻想から目が覚めたことが、わたしにとっては、本当に大きなことでした。

以前のわたしは自立した雰囲気の、ある種はっきりものを言うところのある異性に、惹かれるところがありました。強がって見えるタイプには惹かれることはありませんでしたが、どこか強さを感じさせるタイプの異性に、惹かれる傾向がありました。ところが目が覚めたとき、そこになにを投影していたのかが観えてきました。それはなんと、わたしの怒りでした。

自我《エゴ》の根底には、（人や社会に）認められたい、受け入れられたいという働き、機能が隠れていました。その裏には、「認めてはもらえない」「受け入れてはもらえない」という思いがありました。そして自我《エゴ》のもう一つの働きが、「自分は悪くない」「自分は親や他人、社会の被害者だ」、だから「自分は悪くない、自分の正しさを証明したい」というものでした。

「（人や社会に）受け入れられたい」

「自分の正しさを証明したい」

自我《エゴ》は、この二つの機能により、生存を維持し生き延びようとし続けていたのです。

かつて自我《エゴ》を自分だと錯覚していることに、まったく気づいていないことさえ気づいていなかった頃、わたしの人生のあらゆる考え方、行動、判断の根底には、この自我《エゴ》の二つの機能がいつも働き続けていました。その頃のわたしは、まさに自我《エゴ》次第の人生だったのです。

が、目が覚めてみると、わたし（マインド）が自立した異性と解釈した対象に感じていたのは、実は、わたし自身の人や社会に対する、

「わかってもらえない」

「自分は悪くない」

「そんな人や社会を許せない」

という怒りの投影だったことがはっきりと観えてきたのです。

わたしがカッコいい自立した異性と感じていたのは、実は「わたしの怒りを代弁し、体現する」、わたしの怒りの代弁者だったのです。そのことが観えたとき、その人のこころの中の、「わかってもらえない」という諦めと悲しみのようなものが観えてきました。そしてそこに自覚のない怒りがあることが観えてきました。それはわたし自身のマインドの諦めと劣等感と、怒りの投影そのものでした。この幻想という夢から覚めた瞬間、わたしがかつて惹かれた異性に、惹かれる必要がなくなっていました。目が覚めた瞬間、わたしは長年の呪縛からやっと自由になったのを感じました。これは何十年もの間まったく気づくことのなかった、わたし自身を縛り付けてきた呪縛でした。生涯気がつくことなく、この呪縛に縛られたまま、生涯を終えていたかもしれないものでした。その呪縛から解放されたのです。

それがどれくらい、人生のあらゆる価値観、ものごとの観え方、聴こえ方、とらえ方が変わっていくのか、計り知れないほど大きなものだと思います。

チベット僧の記憶

また、わたしには実は、不思議な記憶があります。

それはある時みた夢でした。あまりにもリアルな夢で、まったく忘れることなくはっきりと覚えている夢です。それはこんな夢でした。

そこは巨大な、石造りの寺院のような場所でした。気がつくとわたしは、石の棺のようなものに寝かされていました。

わたしはまさに死の間際でした。間もなく息を引き取る、そんな場面でした。わたしは頭を丸めており、そしてオレンジ色の袈裟のようなものを身につけていました。まわりには何千人もの、同じ袈裟を着た僧侶たちがいました。

彼らは順番に、わたしに別れを告げていました。老いたわたしは弱々しくも彼らに手を差し伸べながら、一人一人に別れを告げていました。そんな夢でした。

目が覚めた後も、この夢は忘れることなく、はっきりと覚えていました。この夢はずいぶん前にみた夢で、実は夢の中でわたしや僧侶たちが着ていたオレンジ色の着物が、チベット僧のいでたちだとは、当時は知りませんでした。ただこの夢は、他の夢とは感覚の違う、不思議な夢でした。

またわたしには不思議に感じることがあります。それはお寺に行ったときに感じる感覚です。まるで子供の頃ずっとここで遊んでいたような、遊び場だったような、そんな懐かしい感覚がお寺に行くと湧き上がってくるのです。それがいわゆる過去生の記憶なのかどうか、わたしにはわかりません。ただ座禅に出会ったとき、わたしはなぜか強く惹かれました。人によっては関心も湧かずスルーしてしまう人もいるかもしれません。ですがわたしは座禅に出会ったとき、とても強い興味が湧いてきました。それは惹かれる種のようなものが、わたしの中にあったのだと思います。その種が縁により悟りという言葉や禅という言葉と出会ったとき、発露し、芽を吹いたのだと思います。

どんなものであっても、なにかが生じるにはそれが生じる種があると言われます。わたしの中にも、悟りという言葉と出会ったとき、禅という言葉と出会ったとき、それに反応する種を持っていたのかもしれません。そしてわたしは、わたしのマインドのあずかり知らぬところで働くなにものかに導かれ、このような経験が訪れているのだと感じるのです。

人だけが闇を恐れる

わたしがいつも髪をカットに行く、中学時代の同級生の経営する理髪店があります。実はわたしは彼のことを、悟った自覚のない悟った理髪店主と呼んでいます。というのも10年ぶりに再会したとき、彼がまるで仙人みたいな雰囲気に変わっていたからです。

十数年前、わたしは彼のところにちょこちょこ髪をカットしに行っていました。その頃の彼は、お酒を無茶飲みするなどどこかちょっと危ないところがありました。ある日店に行くと、ガレージに止まっている彼のクルマのフロント部分が、ぐちゃぐちゃに壊れていて、クルマは大破していました。「ちょっと! あれ、どうしたの!?」と聞くと、彼はなにか急に衝動的に投げやりな気持ちになって、思わず自分からクルマで電柱に突っ込んだと言います。「おいおい、大丈夫か、こいつ!?」と思い、その店からは足が遠のいていていました。

ですが10年が過ぎてある日、ふいにどうしているかなと思い、ふらりと店に立ち寄ったのです。すると出てきた彼は、以前とはまったくの別人になっていていました。なんとも穏やかな雰囲気に変わっていたのです。

みた瞬間、その雰囲気に、「仙人みたいになっている」と感じました。聞くと、生活スタイルも、以前とはまったく変わっていました。クルマは手放し、以来もうずっと乗っていないと言います。そして移動の手段はいつも自転車で、休日はサイクリングに出かけ、花や風景の写真を撮ったりソロキャンプをして楽しんでいるといいます。料理の趣味や、家でのお酒の楽しみ方、自分でてんぷらの廃油を使って行燈を作り家ではその雰囲気を楽しんでいる話など、聞いていて面白いのと同時に、そのあまりの変貌振りにすごく驚きました。

そしてなにより驚いたのが、なにげない普通の日常を生きていることを、「俺、幸せでなあ」と言ったことでした。彼はそうしみじみと言ったのです。彼のその言葉から、彼が本当に人生を幸せに生きていることが伝わってきました。

「いったいなにがあってそんなに変わったの?」と、聞いてみましたが、「別に、特別になにもないよ」と言っていました。ですがあまりにも以前と違うので、わたしは店に行くたび聞いていました。

するとある日、わたしが座禅に行った話をすると、「ああ、そういえば」と、自分も座禅に行っていたことを話し出したのです。意外な展開に興味深く聞いてみると、荒れていた頃の彼の様子に、このままじゃいかんと思った親御さんから「座禅に行って来い」と半ば無理やり行かされたのだそうです。そんな時期の彼のこと、最初はまじめに和尚の話も聞く気はなかったそうです。ですが、なにか彼の中で変化があったのでしょう。修行中は、これといって自覚するような変化はなかったそうなのですが、帰ってきてしばらくしたある日、ふとこう思ったそうです。「なんや、人間ってしょうもない生き物やなあ（笑）」と。するとなにかがすうっと抜けて、そこからとても楽に生きられるようになったそうです。

彼から「ただ観る者」をみただとか、ワンネスの体験だとか、そんな特別な話を聴いたことはありません。ですが、彼の話はいつも、なにげにとても深いのです。その深い洞察には、ハッとさせられることがよくあります。

ある時などは、ゲームばかりしている息子に対して言ったというこんな話をしてくれたことがあります。

「あのな、お前な、そんなふうにテレビばかり見て、そうやないときは四六時中ゲームばっかりしてて、それは別にかまへんけど、ずっとそんなんやと『自分って、いったいなんなんやろう』っていうような、大事なことも気づかへんねんで」

と言ったそうです。それでどうなったかとは聞きませんでしたが、「自分とはなんなのか」「存在とはなんなのか」「なぜ存在するのか」というのは、哲学、科学においても、突き詰めていくと必ずたどり着く究極の質問だといいます。彼は髪を切りながら、なにげなくそんな話題を話したりするのです。

またある時、彼はこんな面白い話をしてくれました。

彼はキャンプが大好きなのですが、理髪店の休日といえば平日です。山のキャンプ場に行っても、自分たち家族以外他には誰もいません。完全な貸し切り状態なのですが、そのかわり自分たちの焚き火のまわりのほんの数メートル以外は、それこそインクの瓶の中のような漆黒の真っ暗闇になるそうです。彼は言います。

「本物の闇って体験したことある？　ほんまの真っ暗闇ってものすごく怖いんやで」

彼の口調から、焚き火にあたる自分の背後の闇が、吸い込まれそうな漆黒の闇だったこと、ものすごく不気味だったことが臨場感たっぷりに伝わってきました。

そして彼は、ひじょうに面白いことを言い出しました。

「けどな、人間だけが闇を恐れるねん」と。

動物は火を恐れる、でも人間だけが火を使い、そして人間だけが闇を恐れる。この話にわたしはとても興味深いものを感じました。

人が闇を恐れるのは、死を連想させるからなのでしょうか？　ですが闇を恐れるのは、マインドなのでしょう。わたしはそう思いました。わたしは脳梗塞のあの日、「ああ『わたし』は死なないんだな」と直感しました。なぜ？　と聞かれても、うまく説明できません。ですがあの日、思考も感情もなにも起こらない中、ただ観ている意識は、変わらずずっと観ていました。

以来、思考や感情が動く背後で、観ているものはずっと変わらず観続けていることに気づきます。肉体が生じ、思考が生じる前からこの観ている意識はここにあり、そして思考が停止し、肉体が消え去った後も、この観ている意識はあるのでしょう。人（マインド）は、潜在的に死を恐れるのだとわたしは感じます。そしてそのことに直面するのが恐ろしくて、普段まったく死のことを忘れたふりをして、わたしは生きていました。ですが、どこかでずっと、恐れていることは知っていたように感じます。そして生きている間に、その正体を見極めたかったのだと思うのです。

あの日、わたしがいなくなっても、観ている意識は確かに存在していました。時間の流れのない、まったく動くことのない、そしてここにあるのに、触ることも近づくこともできない「それ」は、確かにここにあったのです。

マインドが闇を恐れるのは、潜在的に死を連想させるからではないかとわたしは思います。ですが闇とは、わたしたちの還っていくところなのだろうとも、わたしは思うのです。太古の昔よりシャーマンたちが観てきたという、誰の中にもある「聖なる暗闇」。

それはわたしたちが生まれる源であり、そして還っていくところなのかもしれません。

自我《エゴ》を形作るもの

わたしが無意識に自らを磔《はりつけ》ていた、義務、役割、肩書き、そのことから解放され、誰でもないただのわたしに還り、以前のようには苦しむ必要はなくなりました。

しかし仕事が以前のようには回らないという状況は、大きくは変わっていませんでした。そして日常の中で感じる不安や葛藤が、なくなったわけでもありませんでした。

わたしは誰でもないわたしに還り、とても自由を感じて生きるようにはなりました。ですがこの頃からあることにはっきりと気づきはじめました。それは以前から、こころのどこかで感じていたことでした。そしてそれがただのわたしに還ったことで、よりはっきりと感じられるようになりはじめたのです。

わたしを動かしていたプログラム

わたしには実は薄々気づいていることがありました。

それは、わたしのこれまでのものの考え方、捉え方、行動、それらの元となっているものがなんなのか？　ということでした。

わたしを動かしているプログラム、その元となるもの。言い換えるなら、わたしのものの考え方や、行動の元となっているモチベーション。それがなんなのかということに、気づきはじめたのです。

わたしはこれまで、自分の意思で判断し、行動し、自分の人生を生きていると思っていました。ですがある時期から、わたしを動かしているのは、実はあるプログラムによるものだと気づいたのです。そこには、どんなプログラムが書き込まれていたのでしょう？

それは程度の差はあれど、おそらく誰の中にも多少なりとも書き込まれているプログラムでした。

わたしが気づいたそのプログラムに書かれていたもの、それは「人や社会に認められたい」という思いでした。そう、「人や社会に認められたい、受け入れられたい、評価されたい」という、あの思いです。そんな思いが、わたしの奥深くでプログラムとして働いていたのです。そしてその思いが無意識のうちに、わたしの考え方、物の捉え方、聴こえ方、そして行動のすべてに影響を与え続けていたのです。

「人に、社会に認められたい、受け入れられたい、評価されたい」

それはおそらく誰の中にもあるものでしょう。そしてそれ自体は問題ではありません。が、なにが「人や社会に認められたい、評価されたい」という思いを生み出していたのか？　そこにいったいなにがあるのか？　ということに、わたしはようやく気づきはじめました。

「人や社会に認められたい、評価されたい」という思いは、「人や社会に自分のことを認めさせたい」という思いを生み出していました。そしてこの思いは、いえ、思いというより衝動は、わたしを、成功したい、お金持ちになりたい、有名になりたいという思いへと、無意識のうちに駆り立てていたのです。

では、この「人や社会に自分のことを認めさせたい」という思いはどこから生まれていたのでしょう？「認めさせたい」という思いが浮かんでくるということは、その根本には「自分は認められていない、評価されていない」という思いがあるからですよね。

「認められていない、受け入れられていない、正当に評価されていない。自分は冷遇されている、自分は不運だ、不幸だ」、そんな思いが隠れていたのです。この隠れた思いが、実はわたしを成功したい、お金持ちになりたい、有名になりたいという衝動を抱かせ、行動させていたのです。そしてこの思いは、うまくいっているように見える人に対して、嫉妬心を抱かせました。

そのため口には出さなくとも、わたしのこころには嫉妬心から、うまくいっているように見える人たちへの、批判の気持ちが生まれていました。

「人や社会に認められたい」という思いは、「認めさせたい」という衝動を生み、そしてその衝動は「認められていない」という根底の思いから生まれていたのです。

わたしはその衝動に突き動かされ、操られながら、そのことに気づかないことさえ気づかす、踊らされ続け、それを、自分の考え、自分の選択だと思い込んでいたのです。そして浮かんでくる嫉妬の思いや、自分はまだダメだ、完全じゃないという思いを、わたし自身が真に受け、それを本当だと信じ込んでいたのでした。

わたしをこれまで突き動かし続けていたもの、それは「認められたい＝認められていない」という、こころの奥深くに書き込まれたプログラムによって引き起こされたものだったのです。が、そのプログラムの影響はそれだけではありませんでした。そのプログラムはわたしを、けして成功させないようにも働いていたのです。

わたしを苦しめていたわたし

わたしには、仕事や人生のいろんな物事がうまくいっている最中にも、どこか「まだ完全じゃない」「まだこれではダメ」「まだまだだ」という思いがありました。そこには「これだけでは安心できない」という恐れ、恐怖心が隠れていました。そしてわたしはいつも、どこかでその恐怖心に突き動かされていたのです。

これまで気づいてきませんでしたが、そこには「自分は認められていない、評価されていない」という思いがありました。ゆえにわたしはその無意識下の思いから生じる衝動に、突き動かされていたのです。が、この「認められていない」という思いが生み出していたものは、実はそれだけではありませんでした。

わたしのこころの奥深くには、実はある思いが刻まれていたのです。そしてそれは、まったく無意識にわたしを突き動かしてきました。

わたしのこころの奥深くには、いったいなにが書き込まれ、刻まれていたのでしょう？　それは「わたしを認めてくれなかった親や、学校の先生、社会への恨みの気持ち」でした。

そして親や先生もそのように行動せざるを得なかった、そのように条件付けた社会、世の中に対して恨みを抱いていたのです。

先生たちは、社会は、自分たちが信じ込んでいる思い込みを、「これが正しい答えだ」とわたしに教え込み、それに従わせようとした。それは、社会が信じ込んでいる思い込み。わたしはその思い込みを、「これが本当、これが正解」と信じ込まされた。そしてわたしは路頭に迷い、苦しむことになった。そんな恨みが、こころの奥底にあったのです。

「わかっていない者が、自分が信じ込んでいる思い込みを、これが正しいと思い込ませ、それによって人が苦しむんじゃないか！」というあの怒り、それはここから生まれてきていたのです。ゆえにわたしは「これが正解」と、わたしに信じ込ませようとした社会に対して「復讐してやりたい！」、彼らのその思い込みがどれだけ人を迷わせ、苦しめているのかを思い知らせてやりたい！という思いを根底に抱いていたのです。

そしてわたしはこれまで、その衝動に突き動かされていたのです。だからわたしは成功したかった。成功して「ほら！　オレが正しい！」と、自分の正しさを証明したかったのです。自分の正しさを証明し、わたしに「これが正しい」と思い込ませようとした社会に、復讐したかったのです。そんな激しい恨みの気持ち、怒りが、わたしを無意識のうちに動かしていたのです。が、このころの奥深くに隠れていた、この恨みの気持ちは、実はわたし自身を不幸にさせるものでもありました。

けして成功するわけにはいかなかった

社会が、世の中が信じている思い込みのせいで、自分は悩み、自分自身を責め、苦しまなければならなかった。ゆえに自分は社会の被害者だと、証明したいという思いを持っていました。

ですが、ある時ハッと気づきました。自分が被害者だと証明するためには、自分はどのような状態でいる必要があるでしょう？　成功してしまったら、幸せになってしまったら、被害者で居続けることはできませんよね。自分が不幸な被害者であると証明するためには、成功するわけにはいきません。自分が不幸な被害者であるためには、社会の被害者であるためには、わたしは不幸でなければならなかったのです、幸せになるわけにはいかなかったのです。そしてわたしはこれまでこの無意識下の思いに従い、無意識のうちに渇望し、ときに人や社会を批判し、自らを苦しませ続けていたのでした。そしてそのことに、気づかないことさえ気づかずにいたのです。

では、そのことに気づいて、その生き方をやめることができたのでしょうか？　すぐには、そうはなってくれませんでした。自分で自分を苦しませていることに気づきはじめたのに、そうあっさりとは、それを手放すことができなかったのです。なぜ手放せなかったのでしょう？　それには二つのワケがありました。

自我《エゴ》はなぜ自我《エゴ》を手放せなかったのか？

自分の思いが自分を苦しませている。そのことが観えはじめたのに、わたしはそれを手放すことがすぐにはできませんでした。自分を苦しめていたものがなんなのかが観えたのに、なぜそれを手放すことができなかったのでしょう？

それには実は、二つのワケがありました。

その一つは、「どう手放したらいいのかがわからない」というものでした。

自分がこれまでなにに突き動かされていたのかが観え、それが自分をも苦しめていたということは、観えはじめました。ですがそれをどう手放したらいいのかが、わたしにはわからなかったのです。

無意識の思いとはいえ、わたしはずっとこのプログラムに従い生きてきました。コンピューターにたとえるならば、わたしはずっとこのOSで動いていたのです。そこにさまざまな成功哲学や幸せの教えというソフトを、学ぶという形で取り込んだとしても、それを扱うOSは、ずっと同じOSのままだったのです。どんなにいいソフトを取り入れたとしても、それを動かすのはOSです。どんな成功哲学、成功法則であっても、どんな幸せの教えであっても、どんなソフト、アプリをインストールしても、それがちゃんと機能するかどうかは、それを動かすOSによりますよね。ですがわたしはずっと、この「自分の正しさを証明したい」というOSで生きてきたのです。気づかなかったとはいえ、ずっとこのOSで生きてきたのです。ゆえに他の生き方が、わたしには想像もつかなかったのです。ソフトやアプリ（考え方やスキル）は入れ替えられても、それを動かすOSが同じままで、ずっとそれしか知らなかったのです。わたしにはどうそれを手放したらいいのかが、わかりませんでした。

そして手放せなかった、もう一つのワケがありました。

それはこのOSを手放さないことで得られる、ある利益があったのです。

それは「自分は悪くない」というところに、居続けることができるというものでした。

「わたしは悪くない」

そこに居続ければ、わたしは変わらずにいられる。そんな思いが、こころの奥深くで働いていました。変わらず、今のままでいられる、変化しなくていい、変わらなくていい。その思いが、わたしのこころの奥深くで働いていたのです。

人は変化を恐れるといいます。未知を恐れるともいいます。ではなぜ人は未知を、変化を恐れるのでしょう？　なぜ不満や不足を感じていたとしても、変化をするより今までの場所にとどまりたいという衝動に従ってしまうのでしょう？　未知の領域は、今までの自分にとっては知らない世界です。知らない世界、わからない世界にいったら、どうしていいかわからず混乱する。わたしたちは無意識に、そう恐れます。ならば、不満や不足をどこか感じていても、今のままが安全だと、マインドはわたしたちに思い込ませようとします。

わたしもずっと、この無意識に働いてきたマインドの働きに従ってきました。頭では変わりたい、人生をよりよいものへと変えたいと、考えていました。ですが、自分の実際の行動を振り返ってみたとき、実は変化をしたくないと、変化に抵抗していたことに、ある時気づいたのです。

わたしは変わりたいと思いながら、無意識のうちにずっと、変化に抵抗し続けていたのです。そして無意識に、無自覚のうちに、変わらないよう変わらないようにと生きていたのです。そして今までと同じような繰り返しの人生を、ずっと生み出し続けていたのです。

かつてわたしの師は「人は変わりたがらない」と言っていたことがあります。

わたしはこの言葉を耳にした当時、「そんなことはないだろう」と思っていました。「だって、師のところにこうして来ているのは、変わりたいから来ているわけだし、本をたくさん読んだりセミナーなどにも行っている。それは変わりたいからじゃないか」、そう思っていました。が、自分(のマインド)がこれまで本当に望んでいたことを振り返ったとき、わたし(のマインドの自動的なプログラム)がこれまでずっと望んでいたことは、実際に変わることではなく、「安心したい」「納得をしたい」、そして「自分はこのままでいいんだ」というところに留まっていたかったのです。そうマインドは働き、わたしはそれに従っていたのです。

人は、というより自我《エゴ》(マインド)は、変化に抵抗します。

自分が変わったとき、現実も変わる。わたしたちはそのことを、知識で知っています。ですが、実際の行動を、そして在りようを観たとき、実は自分は変わらないで、周りを、環境を変えようとしてきたことに気づきます。そしてわたし自身が、そのことに気づかないことさえ気づかずにいたのです。

そしてときに、自我《エゴ》は変わらないためには、ある行動を引き起こすこともあります。

自我《エゴ》というプログラムが引き起こすこと

自我《エゴ》は無意識のプログラムとして、自分は変わることなく、周りを、環境を変えようとし続けます。わたし自身も、「自分が変わると現実が変わる」ということを知識では知っていましたし、実際そのようにして、現実が変化する体験をしてきました。ですが、わたしも実は、自分は変わらず、外の現実を変えようとしていたことに気づかされたのです。自我《エゴ》は、自らが変わらないでいるために、ときにある行動を起こすことがあります。

映画『スター・ウォーズ エピソード3／シスの復讐』の中で、これが描かれています。後にダークサイドに堕ち、ダースベイダーとなる主人公アナキン。彼は世界にバランスをもたらす存在と言われ、みなから注目されていました。そして彼は最強の騎士に成長します。

ですが、彼の師たちは、彼の中にある我《が》、自我《エゴ》に気づいていました。

ゆえに彼をなかなかマスターに昇格することをしませんでした。

師たちがそうしていたのは、彼を正しい道に導きたいという思いからでした。ですがアナキンは、「自分は最強の騎士なのに冷遇されている」「自分は認められていない」と感じていました。そして師の一人であるメイス・ウィンドウを、そんなつもりなどまったくなかったのに、なりゆきから思わず手にかけてしまいます。そこでアナキンの自我《エゴ》は自らを守るため、発想を根本から転換してしまいます。

「そうだ！ 今まで自分が至らないと思っていたけど、そうじゃなかった！ 自分を認めない師たちが悪いんだ！ 彼等こそが悪だったんだ！」と。

こうやってアナキンは、自我《エゴ》が自らを正当化しようとする働きに飲み込まれ、ダークサイドに堕ちてしまいました。

わたしたちは、いえ自我《エゴ》は、ときにこのように働き、自らの正しさを証明し、正当化しようとします。お恥ずかしい話なのですが、わたしも人生の中で、このように、わたしのために勇気を持って接してくれた人たちを悪者にし、批判してしまったことがありました。

自我《エゴ》は変わりたくない。そして自我《エゴ》は、自らの正しさを証明するために、ときにとても残酷な行動も引き起こしたりします。それは「認められたい、受け入れられたい、評価されたい」という思いと、その裏にある「認められていない、受け入れられていない、評価されていない」という思い、そしてそこから生まれる「自分を受け入れない人や社会に、自分の正しさを思い知らせたい」という、無意識下の深い深いところにあったプログラムが引き起こしていたのです。

わたしはこのプログラムが、これまでずっとわたしのこころの奥底で働き続け、わたしを動かし続けていたことに気づきはじめました。ですが手放すことができずにいました。どう手放していいかがわからなかったからです。ですが人生は本当によくできています。わたしを突き動かしてきたものの正体が観えたら、今度はそれがわたしの手から滑り落ちていくための出来事が、やってきたのです。

そうしてそれは、手を滑り落ちた

２０１５年のある日、その出来事はやってきました。

なにが起こったのか？ それは「わたしは悪くない、わたしがどれだけ可哀想な被害者であるか」ということを、切々と語る人に遭遇したのです。それは切々と、怒りいっぱいに自分の正しさを証明しようとする、そんな場面でした。

「どれぐらい自分が悪くなくて、自分が正しいか」

「自分がどのくらい可哀想な被害者であるか」

そのことを切々と、怒り全開で語り続ける、そんな場面でした。

それはもう、なにかに振り回され、自分がなにをやっているのか、自分がなにを言っているか、完全に見えなくなっているようでした。

「自分は悪くない！ 自分は被害者で、自分をこんな思いにさせた人や社会を許せない！」

そう語り続け、怒り全開のままに非難し続ける、そんな場面でした。

その姿を観ていたわたしは、思わず引いていました。

そしてわたしのこころに、

「ちょっと待って……、オレ、こんなことをしてきたの？？？」

「これ、こんなにカッコ悪いの？」

そんな思いが浮かんできました。そしてとても下品に感じてしまったのです。

「オレ、今までこんな生き方をしていたの？」

今まで自分が拠り所にしていたもの、自分にとってけして譲りたくなかったもの、手放したくなかったもの、それがどんなものだったのかを目の当たりにした瞬間でした。

今まで握り締めていたもの、わたしがずっと宝石だと思っていたものが、手の中を観ると石ころだった。まったくそんな感覚でした。宝石だと信じていたものが色あせ、ただの石ころになってしまったのです。その瞬間石ころは、わたしの手から滑り落ちていきました。あんなに大事にしていたもの、魅力的に感じていたもの、拠り所だったものが、なんの魅力も輝きもない、石ころになり、わたしの手から滑り落ちていったのです。

どうやったら手放すことができるのか、想像もつかなかったものが、こうしてわたしの手から離れていきました。

そしてそこからどう生きるのか？

わたしの手から落ちていったもの、それはわたしをこれまでずっと突き動かしてきたＯＳでした。どう手放していいか見当もつかなかったものが、こうしてわたしの手から滑り落ちていったのです。

こうして遂に、長年わたしを動かしてきたＯＳは、わたしの手から落ちていきました。ですがわたしはずっとずっと長い間、そのＯＳで生きてきました。手から滑り落ちたものの、そこからどう生きたらいいのか、どんな生き方をするのかは、この時のわたしにはわかりませんでした。

「古い生き方が終わった、じゃあここからどう生きる?」

そのような場所に立っていましたが、どうしたらいいかは、まだ見当がつかなかったのです。が、わたしにはこの時、「絶対に大丈夫」という思いが浮かんできました。

「あんなに大きなものがなくなったんだもの、そこにはとても大きな空間ができた、今度はそこに大きな新しいものが必ず入ってくる」、そんな確信がわたしの中にあったのです。

どうしても手放すことができなかった、手放し方も見当もつかなかったもの、わたしをずっと突き動かし続け、わたし自身を苦しめていたもの、わたしだけでなく、きっと周りにも苦しみを生み出していたもの、それが抜け落ち、そこに空間ができたのです。

きっと大きなものが入ってくる。

きっと素敵なものが入ってくる。待っていれば大丈夫。そんな確信が、わたしには浮かんでいました。そしてそれは不思議に揺るぎない確信でした。

そして7月、それは訪れたのです。

11

わたしの創造

悟りにははじまりはあるが終わりはないという。
深まりは深まり続け、進化と成長は生涯、深まっていくのだろうか。
幼い頃から、「人は生涯成長し続けるもの」と思っていた。
それは「わたし」が、はじめから知っていたことなのだろうか？

わたしの創造

これまでわたしを無意識に動かしてきたOS、それが手から滑り落ち、そこに大きな空間ができました。そこから今度はどんな生き方をしていくのか、わたしにわかりませんでした。ですが、人生は本当によくできています。新しい生き方は、わたしの想像もつかない形で訪れてきたのです。

古いOSが手から滑り落ちてから間もなく、わたしはあることに気がつきました。なぜか不思議なことに、わたしが最初にお世話になった師が言っていた言葉を、どんどん思い出すようになっていたのです。わたしが最初の師に出会ったのは、20年以上前のことです。

師はとても深い知恵を、たくさん授けてくれました。そう、あの「あなたはどこにいる?」とわたしに問いかけた、あの師です。

「考えは、考えしか生み出すことはできない」「問題を問題にすると問題は生まれ続ける」など、そんな深い知恵を、たくさん与えてくれた人でした。その最初の師の言っていた知恵の言葉が、突然堰を切ったように、思い出されはじめたのです。もう10年以上思い出すことがなかった知恵の数々が、どんどんわたしの中で蘇り、溢れ出しました。あまりに急に思い出したものですから、わたしの意識は「あれ? なんでこんなに急に思い出しはじめたんだろう」ということに向きました。この時は気づいていませんでしたが、これこそが次への導きだったのです。急に師の言葉を思い出しはじめたわたしは、ふと「今、師はどうしているんだろう」と思い、消息を調べました。

そしてわたしは、師がこの年亡くなったことを知りました。「ああ、もう一度会いたかったな」、そんな思いが湧きあがってきました。本当にお世話になった師でしたが、わたしは当時、師に対してどこか近寄りがたいものを感じ、感謝の気持ちをちゃんと伝えられずにいました。気がついてみると、わたしは師が分かち合ってくれた知恵に本当に、本当に助けられていました。わたしはこれまで、師と呼べる多くの人たちと出会ってきました。そして、誰よりも、この最初の師の影響を受けていたのです。「今会えたなら、ちゃんと感謝の気持ちを伝えられるのに」、そんな思いが湧きあがってきました。そしてわたしに、今、師の知恵に触れたいという思いが湧きあがってきました。

人生は本当によくできています。師が亡くなる少し前に話している映像を、見つけることができたのです。

同じ発見をしていた

映像の中の師は、わたしが出会った頃と全然変わらない雰囲気でした。わたしが出会った頃の師は60代、映像の中の師は80代。それが全然変わらないのです。

凛とした佇まい、愛溢れるその姿勢。その姿に、わたしの中で懐かしさが溢れてきました。

師が話す数少ない貴重な映像、それを観ているうち、わたしは師の言葉に思わず驚きました。

なんと師が、わたしと同じ発見をしていたことを話しているのです。

映像の中で師は、こう言いました。

「無意識でいると、人や社会に自分のことを認めさせたいであるとか、人に勝ちたいとか、打ち負かしたいとか、自分だけが輝きたいとか、そんなエゴ的なところでしか生きられないということを、わたしは発見したんです」

師はそう言ったのです。それは6月、わたしが発見したこととまったく同じでした。わたしはこの言葉に驚きました。が、わたしは師の映像を通して、もっと驚くことに気づかされたのです。

師は言いました。

「『わたしが誰か』ということを、自分で生み出し、そこから生きなければ、自我《エゴ》的な生き方しかできない」

「わたしはそのことに気づいた」

そう言ったのです。

わたしはこの言葉を聞いた瞬間、雷が落ちたかのような衝撃を受けました。20年前、わたしも「わたしを生み出していた」ことを思い出したのです。

わたしはわたしを生み出していた

20年前、師にお世話になっていた当時、わたしは師から、「自分は何者なのかを、自分で創り出しなさい」と言われました。わたしはその時、わたしを創り出していたのです。そのことを思い出し、本当に驚きました。

師と出会う前のわたしは、人や世の中のことをとても怖がっていました。わたしはこころの深いところで、強い劣等感を持っていたのです。劣等感をいつもどこかで感じていましたので、人のこと、世の中のことをとても怖がっていました。ですが自分が「怖がっている」なんて、絶対に認めたくありませんでしたし、気づきたくもありませんでした。ですからわたしは、世の中に対して斜に構え、「自分は本当はすごいんだぞ」なんて自分自身に言い聞かせながら、周りにもそのように見せようと振舞っていました。でも(気づかないふりをしていましたが)人や世の中が怖かったものですから、できるだけ誰とも関わらず、静かに暮らしたいとも密かに思っていました。

また当時のわたしは感情を表現することがすごく苦手で、どこか恥ずかしいことのように感じていました。当時は人前で涙を流すなんてとんでもないことで、それどころかそんな感情を感じることさえできませんでした。

そんな状態でしたから、たとえば友人が「この映画、感動もので泣けるよ」なんて薦めてくれたりしたとしても、観ながら「ケッ、お涙頂戴かよ」なんて思ってしまうような、とんでもないヤツだったのです。それだけ当時のわたしは、感情から切り離された状態だったのです。そうやってこころが壊れないよう、押しつぶされないよう、必死に自分を守っていたのだと思います。

そんな当時、わたしは師と出会いました。それは変わりたかったからでした。

わたしはその頃、人生を面白くないと感じていました。子供の頃はいろんなことに夢中になり、没頭し、楽しかったのに、大人になり年月を重ねるごとに、毎日を単調なものに感じはじめ、どんどん楽しくなくなってしまっていたのです。師のもとで変わろうと思ったのは、子供の頃みたいにいろんなことに没頭し、こころの底から楽しめる、あの人生を取り戻せるかもしれない、そう思ったからでした。そしてわたしは、師が、自らの体験を通して分かち合ってくれる知恵に触れに行くようになりました。

そんなある日、師はわたしに言ったのです。

「自分が誰かを創り出しなさい」と。

そしてわたしは20年前、わたしを創り出しました。わたしが何者かを、言葉として生み出したのです。当時のわたしは、それがどれだけすごいことをしたのか、まったく自覚がありませんでした。ただ言われたからやった、その程度の理解しかなかったのです。

ところが師が映像の中で、「わたしは誰なのかということを生み出し、そこから生きなければ、エゴ的にしか生きられないと発見した」と言ったとき、わたしはそれがどれくらいすごいことだったのかを、はじめて理解したのです。

生み出したわたしが、わたしを導いていた

20年前、どんなわたしを創り出していたのでしょう?

わたしは当時、こんな言葉でわたしを新しく創り出しました。

「わたしは生涯を通して学び、成長し続ける」

「そして、わたしが関わる人たちが、その人には本来必要のないものが落ちていき、本来の自然なその人らしさを生きはじめる、わたしはそういう場である」

そんな言葉でわたしを新しく創り出していたのです。わたしは自分が言葉にし、生み出すことが、どれだけすごいことなのかということを当時はわかっていませんでした。

ですがそれでも、このわたしが創り出した新しいわたしは、潜在意識の深いところでずっと働いていていました。そしてわたしの創り出したこの言葉が「場」となり、そこにその言葉通りの現実を創り出していたのです。

ジョー・ディスペンザ博士の『あなたという習慣を断つ』(ナチュラルスピリット)という著作の中に、「量子場は、私たちが何を求めているかに応えるのではなく、私たちがどんな存在であるかに応える」という一節が出てきます。「自分が誰かを創り出す」とは、このことでした。わたしが「場」となり、そこに成果という現象が生み出されていたのです。

20年前のわたしは、人や社会を恐れながら、それをけして認められない人間でした。そして

「この映画感動するよ」と勧められても、「ケッ、お涙頂戴かよ」と反応してしまうような、感情を封印し、感じられない人間でした。そんなわたしが、いろんなことを学んでいく中で、ちょっとずつ変わっていった。そうわたしはずっと思ってきました。ですがそうではありませんでした。わたしが新しいわたしを創り出したあの日を境に、わたしの新しい人生がはじまっていたのです。あの日創り出したわたしが、わたしの在り方を、土台から変えていたのです。

そしてわたしを今日まで、導いてきてくれていた、そのことに気づいたのです。

師が分かち合ってくれた知恵、その大きさに気づき、わたしは本当に驚きました。と同時に、このタイミングでそのことを理解したことが、絶妙なタイミングであったことも理解したのです。

新しいわたしの創造

映像の中で師は言いました。

「創り出した自分がもう古くなったとわかるとき、それはものごとがうまく回らなくなるとき」

20年前に創り出したわたしは、わたしをこれまで導いてきてくれました。ですが、これから生きようとしている世界、これからやろうとしていること、それにはもう、20年前に創り出したわたしは古くなっていたのです。器に対して、小さくなっていたのです。ゆえに仕事も、人生のいろんなことも空回りし、歯車の歯が噛み合わないような体験をしていたのでした。

歯車が噛み合わず、空回りをしているかのような体験は、新しくわたしを創り出す、モデルチェンジのときが来たことを、教えてくれていたのです。

そして2015年の7月、わたしは新しくわたしを言葉として生み出しました。

魂の殻にヒビを入れてくれていた師

わたしは新しいわたしを創り出しました。

するとどうでしょう? 滞っていたいろんなことが、まるでせき止められていた水が水門が開き、流れ出したように動きはじめました。

もちろん、すべてが思い通りになったわけではなく、一見うまくいっていないように見えることも起きてきました。ですがそれも不思議と、大丈夫だと思えるようになりました。自分では想像もつかない、思考では思い浮かばないような形で導かれる。そのことを理解できるようになったからでした。わたしの想像のつかない形で、わたしを無意識に動かし続けてきた古いOSを手放すことが起きてきて、わたしの想像のつかない形で、新しいわたしを生み出すことが起きてきた。どれも個人の目論見、個人の努力を超えたものです。これらのどれも、わたしの想像の及ばないことでした。わたし個人のマインドでは思いもつかないような形で、物事は動いているのです。そのことをわたしは理解できるようになりました。

そして師との思わぬ再会は、わたしにとてもとても大切なことを理解させてくれました。それは20年前、師がわたしのこころの硬い殻にヒビを入れてくれていたということです。

わたしは人や世の中のことを怖がりながら、そのことをけして認められない人間でした。そして感情を封印し、「お涙頂戴かよ」としか反応できない人間でした。そんなわたしのこころの硬い硬い殻にヒビを入れてくれたのは、実は20年前の師だったことに気づいたのです。

当時のわたしは師に対して、どこか怖くて近寄りがたいものを感じていました。師は高齢でしたが、背筋はビシッと伸びて、いかにもデキる人というオーラを放っているようにわたしには見えていました。ですがそれは、わたしが師というスクリーンに、わたしのこころの奥底の劣等感を投影していたのでした。だからわたしには、師はデキる人オーラが漂う人に見え、近寄りがたい雰囲気の人に見えていたのでした。

ところがある日、わたしのこころの硬い硬い殻に、ヒビが入る出来事が起こったのです。

その日、師はわたしに、こんな話をしてくれました。

「ある国の民話でね、わたしの大好きなお話があるんです」

あるところに一人のきこりが住んでいました。

きこりは木を切り、それで生計を立てていました。

彼が切った木は材木になり、それは家になり、橋になり、家具になり、人々はその恩恵を受け、幸せに豊かに生活していました。

きこりは木を切り、そしてまた新しい苗を森に植えていました。

彼はそうやって生計を立てていました。

彼が苗を植えるとき、それはたんに仕事だからやっていたわけではありませんでした。

彼が植える一本の小さな苗、それが大きな木になり、材木になり、家や橋や家具になる頃には、彼はもうこの世にはいないでしょう。

彼がいなくなった50年後、１００年後、彼が植えた小さな苗が大きく育ち、そこから恩恵を受け、幸せを感じる人たちがいる。

彼は自分がいない50年後、１００年後の人たちのため、「その人たちが幸せでありますように」と祈りながら、今、一本の小さな苗を植えているのです。


そんな話を、師はわたしにしてくれました。そして話し終えたとき、師はこう言ったのです。

「わたしはね、この話を思い出すたび、思わず涙が溢れてくるんです」

師の目には涙が浮かんでいました。師のこの言葉に触れた瞬間、師のその場（フィールド）に触れた瞬間、わたしの中でなにかがはじけました。人や社会を怖がりながら、そんな自分を許せないこころ、自分を守るために感情さえ封印してしまっていた、わたしのこころの硬い硬い殻。その殻に、ビシッとヒビが入ったのです。そしてわたしの目にも涙が浮かんできました。

師の魂に触れたとき、奥底に封印してしまっていたわたしのこころ、魂が共振し、震え、振動し、硬い殻にヒビが入ったのです。わたしの中で封印され眠っていたものが呼び覚まされ、目覚めた瞬間でした。こうしてわたしは感情を、こころを、深い深いところに封印されていた魂を取り戻したのでした。

師の伝えてくれたさまざまな知恵は、どれも本当に素晴らしいものでした。なによりも感謝が尽きないのは、あの日、師がわたしに、師のこころ、魂に触れさせてくれたことです。それがわたしの人生の最高の財産となりました。

人にはある時、変化のときがやってきます。それは思わぬとき、思わぬ形でやってきます。だからこそ、それは人生のサプライズプレゼントなのだと感じます。

動き出した人生

わたしを新しく生み出した日から、それまで滞っていたあらゆることが動きはじめました。あんなにテコでも動かなかったものが、外からの力ではなく、まるで内側から動き出すように動きはじめました。そしてなによりもわたしにとって大きかったのは、わたしの中で「絶対大丈夫」という、揺るがない信頼が生まれたことでした。

わたしは新しいわたしを、言葉の世界に生み出しました。そしてそこから生きはじめました。それは新しいわたしを生み出したから、それに従って生きねばならないというものとは、根本的に違いました。その創ったわたしに縛られるのではなく、まるで言葉が世界を創造し、言葉がわたしを通して生きている、そんな感覚でした。

はじめに言葉ありき。

言葉が世界を創造しはじめました。

20年前、わたしは自分が創り出した新しいわたしが、実はどれだけすごいことなのかがわからず、すっかりそのことを忘れていました。

忘れていても、言葉はわたしを生きていました。

2015年の7月、わたしは新しいわたしを生み出しました。

生み出し、それに縛られるのではなく、言葉が〝わたし〟を生きはじめたのです。わたしを生み出し、なにも決めず、決めないということも決めず、ゆだねて生きる。そこから生きはじめました。

そんな中、今まででは想像もつかなかった奇跡が、わたしの人生に現れはじめました。

投影が消える

誰にも苦手なものがあり、苦手な人がいますよね。わたしにも、そういうものがあります。ところが新しいわたしを生きはじめたある日、こんな驚く変化がはじまりました。

ある日のこと、わたしは街を歩いていました。すると向こうから、わたしの価値観で苦手な人というか、好きでない雰囲気の人が歩いてきました。するとわたしの中で、こんな思考と感情が湧きあがりはじめます。

「ああ、こういうタイプのヤツってこうこう、こういうヤツで、イヤなヤツなんだよな」

「なぜなら昔似たヤツを知っていて、そいつがすごくイヤなヤツで、イヤな思いをして、だからこいつも嫌い！」

そんな思考が不快感とともに湧きあがりはじめます。そして湧きあがってきた思考の中のドラマに感情を掻き回され、そのドラマとイヤな気分はリピートをはじめます。こんな体験、きっとあなたにもあることと思います。

ところがその日は、いつもと違ったのです。わたしはこの日、身体に起こる「感覚」に気づいていました。

わたしたちは普段ほとんど気づくことがありませんが、なにかを「目にしたり」、なにか「出来事に出会ったとき」、必ず身体になんらかの感覚が起こっています。そう、座禅や瞑想の中で気づくようになった「感覚」です。また出来事だけでなく、なにか思い出したときも、つまり「考え」が浮かぶときも、必ず身体に「感覚」が発生します。たとえば苦手な人を見かけたりしたら、胸の辺りがざわざわしたり、胃の辺りが重い感じがしたり、足がこわばったりなどの「感覚」が身体に起こってきますよね。また不安や心配の思いや感情が湧いてくるとき、きゅう〜っと胸の辺りが締め付けられるような感覚が起こってきます。あなたも「確かに」って思われることと思います。嬉しいときは嬉しいときの感覚、辛いときは辛いときの感覚が身体に発生します。そしてわたしたちはこの感覚を、「快」とか「不快」と呼んでいます。が、この感覚、「快」とか「不快」と名づけて呼んでいるけれど、名前をつけなければ、ただ、ざわざわっとする感覚や、重い鉛の玉があるような感覚、きゅーっと締め付けるような感覚が、あるに過ぎない。本来、感覚それ自体には、名前も意味もないんですよね。

さて、この日わたしが歩いていると、向こうからわたしの（それまでの）価値観で苦手なタイプの人が歩いてきました。が、わたしはこの時、ただ感覚に気づいていました。名前をつけることもなく、意味をつけることもなく、ただ感覚に気づいていました。するとひじょうに面白いことが起こったのです。

向こうからわたしの苦手なタイプの人が歩いてくるのを観た瞬間、胸の辺りに重い鉛でもあるかのような感覚が起こってきました。いつもはこの感覚が湧いてきたとき、わたしはこの感覚を感じないように、押さえつけようとしてきました。ですがこの日は、押さえつけることなく、抵抗することなく、ただ感覚が湧いてきたことに気づき、なにも手を加えることなく観て(気づいて)いました。するとどうでしょう。湧いてきた感覚は、まるで泡がボコンと水の中で発生し、水面に出てきた瞬間にはじけてなくなるみたいに通り過ぎ、すうっと消えてしまったのです。

その瞬間でした。なんと歩いてくるその人が嫌いでも好きでもない、ただの通行人になったのです。ただの風景になったのです。そしてただ、わたしの横を通り過ぎて行きました。苦手だったものが、なんでもなくなったのです。感覚にただ気づいていて、そして現れるまま、通り過ぎるままにただ観ていたら、苦手なもの、嫌いなものが、好きでも嫌いでもない、「ただのそれ」になってしまったのです。

わたしはこのことを体験したとき、「あ！」とあることに気づきました。

わたしは、苦手な人や嫌いな人がいたら、その人のことを「許せるようにならなければならない」「許して愛せるようにならなければ、本当には変わったとはいえない」そう思い込んでいたことに気づいたのです。ですが「ハッ」と気づいてみたらそれは、「嫌」という方角に振れた振り子が反対に振れるということだと気づかされました。本当に不快感などの苦しみから自由になったとき、それはマインドが勝手に思い込んでいた思い込みだったことに気づきました。実際に自由になったとき起こったのは、苦手や嫌いだったものが消え去り、リセットされ、わたしの思い込みが投影されなくなったのです。そしてあるものが、あるままに観えるようになっていたのです。

この経験が起こったときから、苦手なもの、嫌いなものがどんどんリセットされるようになりました。毎瞬毎瞬リセットされ、好きでも嫌いでもない、「ただのそれ」になっていくのです。なんとシンプルなのでしょう！　そしてなんて自由なのでしょう！

感覚に気づいている――そのことは座禅や山篭りの瞑想後からずっとあったものでした。これまでは、不快なときに生じてくる感覚に抵抗し、感じないようにしていました。それがただ現れ、通り過ぎ、消えていく。そのことにただ気づいていることができるように変わりました。なぜ急にそのように変わったのでしょう？

師であり、友人でもある真言密教の僧侶の方に聞いてみたとき、達磨大師が遺したという、こんな言葉を教えてくれました。

「悟りを求める間、人が悟りを追いかけるが、追いつくことはできない」

「だが、ひとたび悟ると今度は、悟りが人を追いかけるようになる」と。

また、わたしは目標や計画を立てることが大の苦手でした。ですがそれさえも、苦手でも好きでもない、ただのそれになったのです。その瞬間、なぜそれまで苦手だったのかもわかりました。向いていないのでも、自分にとって難しいのでもなく、どのようにしたらいいのかを知らないだけだったのです。知らないからどうしていいかわからなかった。ただそれだけのことだったのです。

わたしは無知であるということを、知らなかったのです。知らないということを、知らないだけだったのです。それがリセットされ、好きでも嫌いでもない、「ただのそれ」が目の前にあるだけになったとき、そこからまったく新しい関係を創ることが可能になります。そして、得意な人にアドバイスを受けたり、調べたりすることで容易に上達できるように変わったのです。もう以前のように、楽しくなくて不快さを感じながら、それを押さえつけて無理やりがんばる必要がなくなったのです。押さえつけて、無理やりがんばってストレスをため続けて、どこかで爆発する。そのようなことをする必要がなくなったのです。


あなたは今、身体に、胸の辺りにどんな感覚を感じているでしょうか？

そしてその感覚は今、本来名前も意味もない、ただそれであることに気づいてみてください。

それは、今までどんなにがんばっても変えることはできないと諦めていた、嫌なものが嫌でなくなったり不可能だったことが可能になる、扉になることでしょう。

よかったらぜひ、気づいてみてください。

自我《エゴ》の崩壊

悟りの一つの側面は、自我《エゴ》の崩壊だといわれます。

自分では気づいてもいなかった、でもけして手放せなかった「自分を形作っていた価値観」が根本から豪快に崩壊する。覚醒を経験した人たちはみな、そんな経験をしています。

よく「悟るためには、苦しみが必要なんでしょうか？」という声を耳にすることがありますが、実は苦しみがなければ悟れないのではなくて、自我《エゴ》（けして手放せなかった自分を形作っていた価値観、と同時に限界付けていた価値観）が崩壊するとき、それが苦しみとして体験されるというのが正確だと、わたしは感じています。わたしも自分の我《が》がペシャンコに潰れる、そんな「うわー！」とか「ぎゃー！」と言いたくなるような経験をしました。

こんな話を聞くと「そんな目に遭うなら、悟らなくていい」と思いますよね。

でも実はここが重要なポイントなのですが、悟るためにそんな経験が必要なのではなくて、「そんな経験の向こう側に悟りがあった」ということだと、わたしは自分の経験や、師たち、覚醒を体験した人々の体験談に触れて感じています。

ここはとても大事なポイントなので、もう一度違う角度からも触れておくと、悟るためには苦しみの体験をしなければいけないのではなくて、自我《エゴ》が崩壊するときに、苦しみというトンネルを通るということだと、わたしは実感しています。苦しむのは「わたし」ではなく、我《が》＝エゴなんですね。

さて、ここで一つ、救いのある大事なポイントです。

誰の人生にも、多かれ少なかれ、必ず悩みや苦しみはやってきますよね。まったくなんの悩みも苦しみもなく、ハッピーなことしか起こらないなんてことはありえない……とわたしは思います。

わたしにはセラピストやセミナー業界の友人たちもたくさんいますが、彼らも人間ですから悩んだり苦しんだりを、今でもたくさん体験しています（だからこそ、人間であることの苦しみが理解できるともいえますよね）。

さて、悟りの一つの側面は自我《エゴ》の崩壊と言いましたが、自我《エゴ》が崩壊するとき、我《が》がペシャンコに潰れるような思いを、わたしも師たちも経験してきました。とはいえ、誰も苦しみをわざわざ経験したいとは思いませんよね。が、苦しみがやってきたとき「これ、飛躍のときがやってきたんだ」って、知っていたらどうでしょう？　苦しみの最中は、たまったものではありませんが、でも、「何が起こっているのか」がわかっているのと、わかっていないのとは、天と地ほども違いますよね。

苦しみの最中、何が起こっているのかがわかっていたら、辛いのは辛いですが、でもじたばたせずに、嵐が過ぎるのを諦めて（手放して）待つことが可能になりますよね。わたしも今でも、これまでの古い効果的でない「在り方」がトランスフォーム（変容）するとき、「イタタ！」と壁にぶつかるような思いをします。

以前のわたしはそんなとき、「何が起こっているのか」がわかりませんでしたから、なんとかそこから抜け出そうとあれこれあれこれ、対策を打ちまくっていました。ですが今はようやく、なにが起こっているのかがわかるようになったことで、焦ってじたばたする必要はなくなりました。すると面白いことに、自分では想像もつかないような形で、シフトがやってくるのです。変容のときなにが起こるのかを知っている。ただそれだけのことなのですが、そのことが、以前だったら奇跡としか思えないようなことを、引き起こしてくれるのです。

誰の人生にも悩みや苦しみはやってきます。ですが、そんなときがやってきたとき、「もしかしたら、これは飛躍のときがやってきたのかも?」と気づいてみてください。もしかしたら、今までは思いもつかなかったようなシフトが、気づいたときには届いているかもしれません。

悟りには終わりはない

わたしは悟りという言葉と出会い、そして悟りというものに惹きつけられ、追い求めました。そして導かれるように、エスカレーターで半ば強制的に運ばれるかのように、わたしの想像もつかないような形で次々と必要な出来事が起こり、プロセスを歩いてきました。確かに、間違いなく、なにかは変わりました。習慣が変わり、考え方が変わり、苦手なもの、嫌いなものが今もリセットされ続け、人生から少しずつ、ときに大きく、苦しみが消えていっています。

ですがあらためて、悟りっていったいなんでしょう?

師はある時、こう言っていました。

「大切なことは、マインドが成熟していくこと」と。

わたしは悟りを追い求める中で、特殊な神秘体験に魅了されたり、マインドを滅ぼそうとしたり、いろんな迷いの体験もしました。

ですが、大事なのはマインドが成熟し、苦しみから解放され、生きることが楽になったり、どうしてもやめられなかった自らを苦しめていた習慣が自然とやめられたり、日常の中で幸せな人生を生きられるようになることだとわたしは感じます。

「悟りにははじまりがあるけれど、終わりがない」

マインドが成熟し、深まりが深まり、それは生涯を通して経験されていくことなのでしょう。

わたしは幼い頃から、人は本来、一生成長し続けるものだと感じていました。どこかではじめから、このことを知っていたのかもしれません。

12

人生最大の課題

鏡を観るわたしと、鏡の向うでわたしを観るわたし
こいつはわたしではない
だがわたしはこいつを、わたしだと思ってきた
こいつはときにわたしを鼓舞し、いい気にさせ
ときに無力だとあざけ
ときに甘い誘惑の言葉を囁きかける
そしてわたしは容赦なく踊らされる
わたしはこいつに踊らされてきたのだ

人生最大の課題

誰の人生にも、人それぞれの人生の課題と呼ばれるものがありますよね。壁とか、ブロックという呼ばれ方もされてきました。この課題が根本からクリアされたら、いったいどんな人生がはじまるのでしょう?

また、悟りの話題においては、「起こることはただ起こり、実際には自分がやっているわけでない」「わたしたちには根本的には、自由意志というものはない」と言います。「だから、(やることは)観ているだけなのだ」と。こう耳にすると、わたしたちの多くは、「では、諦めて、起こるままを受け入れて生きるしかないってこと?」と、何処か悲観的になるしかないように思えたりします。

ですが、そんな思いが根底から払拭され、人生ってホントに素晴らしい! と心底感じられるようになったら、いったいどんな人生がはじまるのでしょう? 自分とは何者なのかを新しく創作してから、わたしにこの長年の人生の課題が根本からクリアされるという経験がやってきました。

この章では、その(自分で言うのはなんですが)驚くべき奇跡のような経験を分かち合いたいと思います。そしてこの経験談は、あなたの人生にも素晴らしい恩恵が生まれるきっかけになるかもしれません。

人生最大の課題が根本からクリアされたら、いったいなにが起こるのか? そして、どんな人生がそこからはじまるのか? わたしのその経験をお話ししますね。

こころの闇の奥底から出てきたもの

わたしとは何者なのかを新しく創作した年の暮れ。わたしはその年末年始をほとんど誰とも会わず、一人で過ごしていました。なぜか今回は人と無理に会ったりせず、一人で過ごそうと思ったのです。以前のわたしは一人でいたら、ついつい誰かを誘って飲み行ったりしていました。今わかるのは、それは孤独を感じたくないことからの行動でした。ですがその年末年始はそんなことはせず、ただ一人で過ごすことにしたのです。

さて、一人で過ごすことにしたのはいいのですが、せっかくの一人の時間なのに、なぜか本を読む気が起こりません。DVDを借りてきても、なぜか全然観る気が起こらないのです。なぜか、なにもする気が起こらないのです。気がつくとわたしは毎日をただなんとなく、だらだらと過ごし、ひがな一日、ネットサーフィンばかりするようになっていました。やがてどんどん、だらけた気分になりはじめたのです。そしてわたしは、どんどん自分がダメ人間になっていくような気分を感じはじめました。とはいえ、今までの経験から、それも無常のひとつの一時的な気分の状態で、現れてきた以上、通り過ぎるものであるということ、同時に大きく意識とマインドが変化するときに起こることで、なんら問題がないことは知っていました。

ですからわたしは抵抗したり、解消しようとしたりすることなく、そのままでいました。そしてなぜか、気分が堕落していくままに、そのままにしておこうという気持ちになっていたのです。

なぜそう思ったのかはわかりませんが、今回は堕ちていくままに任せようという気持ちになっていました。わたしは毎日、だらだらとネットサーフィンに明け暮れていました。

ネットのニュースを見ていたら、ネガティブなニュースばかり目に付きはじめました。やがてわたしは、いちいちそれらに対して不快になったり腹を立てていることに気づきました。

とにかく気づいたときには、いろんなことに腹を立てていたのです。芸能人の熱愛報道やスキャンダルのニュースを見ると、「人んちのことなんだから、放っておいてやれよ！」とか、「犯罪を犯したわけでもないのに、なんで謝罪させられてんの!?」とか、不正のニュースなどをみると「いいかげんにしろ！」とか、とにかくいろんなことに反応し、腹を立てていたのです。

やがてその怒りの矛先は、違うところに向き始めました。何処に矛先が向き出したのか？

わたしはネットのニュースに反応していちいち腹を立て不快になっている自分に腹を立てはじめたのです。

わざわざ不快になることを自分で選びながら、それをやめられない、コントロールできない自分。不快になったり、腹を立てたりすることを、コントロールできない自分。思考や感情に翻弄されるままに翻弄され、それを制御できない自分に腹を立てはじめたのです。わたしが、わたし自身を嫌いになりだしたのです。

わたしはこれまでずっと、20年以上にわたり自分の内面と向き合うことをしてきました。自分の中にある矛盾、葛藤、罪悪感などの思い込み、そんなものと向き合い、それをクリアしてきました。

ですが、今回のは今までとは根本的に違いました。

今までは出てくることのなかった、もっともっと内面の奥深くに隠れていた、ドロドロとしたものが出てきたのです。賢者たちは言います。「もっとも忌み嫌う敵の正体は、自分自身だ」と。それがはじめて表面化してきたのです。

これまでは封印されていた、深い深いところにあった、まったく許せない自分、忌み嫌う自分、それが表面化したのです。そしてわたしは、賢者たちが言うように、わたし自身が、わたしのことを、心の奥深くで、なによりも憎んでいたこと、忌み嫌っていたこと、そのことに気づいたのです。

ですが、本当になにもする気が起こらなくなっていたわたしは、これに対してなにも対処する気も起こってきませんでした。と同時に「今はなにもしないほうがいい」ということにも、気づいていたのです。対処療法のようなことはしないほうがいい。そう気づいていたのです。そして「今、ものすごく大事なことが起こっている」と、どこかで知っていたことが今振り返ってみるとわかります。

このときは気づいていませんでしたが、以前のわたしと大きく変わっていたのは、このようなネガティブな思考や感情が湧きあがり続けても、完全には巻き込まれることなく、どこか冷静に気づいているということでした。

絶対に言ってはいけないと思っていたこと

そんな日々を過ごす中わたしに、ずっと何処かで感じていた疑問が表面に浮上してきました。そしてそれは、きっと誰もが何処かで感じていることなのだと思いました。でもそれは、公の場では絶対に言ってはいけないことだと思うことでした。

そんな年が明けたある日、親しい友人と飲むときがありました。わたしはこのとき、どうしても気になっていたこの話を彼に切り出しました。誰もがきっと何処かで感じてること、でも公の場では絶対に言ってはいけないと思っていること、それを友人に話したのです。

わたしは彼に言いました、「実は人生って、なにひとつコントロールできないし、なにひとつ思い通りになんかならないじゃないかって気づいたんですよ」と。

たとえば、思った通りにことが運び、思った通りに物事がうまくいくときもあれば、思った通りには全然うまくいかないときも人生にはありますよね。わたしたちは思い通りになったときはうまくいっていて、思い通りにならないときはなにかが間違っていると考えてきました。だからうまくいかないこともうまくいくようにしようといろんなことを学び、いろんな技術も身につけてきました。だけど気がついてみたら、思い通りになるときも、思い通りにならないときも、どちらもそのときの最善を尽くしていますよね。そして「じゃあ、うまくいくようにこのことを学ぼう」とか、「この技術を習得しよう」とかなどの思いも、そのように浮かんでくるからそう思う。

それは自分の意思でやっているように思ってきたけれど、アイデアも思いも何処からともなくフッと浮かんでくるもので、根本的には自分の意思ではない。

だとしたらホントはなにひとつ、自分にはコントロールなんかできているわけじゃないじゃないか。自分は根本的には無力な存在で、なにひとつ思い通りになんかならない。そのことをずっと何処かで感じていたんだけれど、今まではそのことに気づかないようにしていた。

それが年末年始のドロドロの自分が浮かび上がってくる中で、ずっと以前から感じていたことにはっきりと気づいたのです。

わたしは、そのことを友人に話しました。そして「でもこれ絶対に書いたり、言ったりしちゃいけないですよね」と言ったのです。すると友人は思いもつかなかった意外なことを言ったのです。「マスターそれ、もう書いてもいいと思いますよ」って。

わたしが「え!?」って驚いていると、彼はこう続けました。「みんな、ずっと今まで学んできて、もうそのことに気づいていると思うんですよ」「そしてもう次に進みたいって何処かで思っていると思うんです、だから書いていいと思いますよ」そう言ったんですね。

わたしはこの言葉に最初驚きましたが、「もうみんな気づきはじめている」という彼の言葉になにかを感じました。そして翌日のメールマガジンで、そのことを書きました。すると意外にも多くの方から「わたしもそう感じていた」という反響をいただいたのです。

それはすごいじゃないですか！

自分の中のずっと封印されてきたドロドロした闇と直面し、同時にずっと感じてきた「なにひとつ思い通りにならないじゃないか」という諦めと悲しみ。年末年始を通してわたしはそれを思い知ることとなりました。でもそれは、今までもずっと何処かで知っていて、感じていたことでした。ただ気づかないようにしていただけだったのです。それがこの年末年始についに表面化して、自覚されることになったのでした。

さて、1月も2週間を過ぎた頃、田舎に帰省していたなづなさんが帰ってきました。

わたしはこの2週間以上の間、わたしが体験していた状態をなづなさんに話しました。するとわたしの話を聞いてなづなさんは、思いも寄らなかったことを言ったのです。「それは素晴らしい！よかったじゃないですか！」って。

わたしはポカンとして、思わず「なにが？」と聞き返していました。

なづなさんはこう続けました。「それだけ自分の闇と直面するって、滅多にできないことじゃないですか、それはすごいことですよ！」って。

わたしは「言っていることはわかるけど、かなり悲惨だよ」と、思わず苦笑しながら答えました。

人生最大の課題がクリアされる

さて、その後のある日、わたしたちは打ち合わせを終えて、ある瞬間「潜在意識のブロック解除のワークをしよう！」というアイデアが、ふいに浮かんできました。なぜかふいにそんなアイデアが浮かんできたのです。

一瞥の体験の前まで、毎日毎日やり続けていたあのワークです。そのワークも、一瞥後はほとんどやらなくなっていました。ですがこのとき、そのメソッドを使って、わたしのドロドロの元を解消しようというアイデアが浮かんできたのです。

そこでわたしは、なづなさんのサポートを受けながら、ワークをすることになりました。

なづなさんが深い意識状態になり、インスピレーションとして浮かんできた質問をわたしにします。そしてわたしは頭で考えて答えるのでなく、同じく深い意識状態の中、浮かんでくる言葉を注意深く見極めながら答えていきました。

するとある瞬間、なづなさんがわたしに驚くことを言ったのです。「マスターってもしかして、自分のことを悪人だと思ってるの？」って。

わたしはこの言葉に、心底驚いてしまいました。というのも、実は、誕生数を計算することで自分の人生の課題や才能が導き出されるある本で、わたしの誕生数のところに、まったく同じフレーズが載っていたことを知っていたからです。

その本にはこう書かれていました。

「あなたは、自分を悪人だとあまりにも深く信じ込んでいるため、大きな豊かさがやってきたとき受け取ることができない」「だけど、それが解消されれば、自然とその傾向はなくなり、豊かさを自由に受け取れるようになる」と。

ですがわたしは、そう書かれているのを読んでも、何処かピンとこないというか、実感が湧かずにいました。それと同じ言葉がなづなさんの口から出てきたのです。

わたしは心底驚きました。そして「そうか、これを解消するんだ！」って思いました。こうしてわたしは、なづなさんのサポートを受けながら、この潜在意識の奥深くに書き込まれた思い込みを解消することにしたのです。

ところがこの思い込み、まったく一筋縄ではいきません。あらゆる角度からアプローチしてみるのですが、まったくなくなる気配がないのです。ワークはなんと、4時間近くもやることになりました。そしてある瞬間、「あれこれいろんな角度からやるのはやめて、ストレートにその思い込みそのものにアクセスしよう！」とわたしは言いました。そして4時間にわたるワークの後、ついにその思い込みは解除されたのです。とはいえ、このとき思い込みが「外れた」らしいということはわかりましたが、なにかが変わったという実感はありませんでした。

ところがその日から、起こる現実も、わたしの性格も、驚くほど変わりはじめたのです。

自分が生涯を通してやりたいこと

その日の夜、床についたわたしは、眠っているのと起きているのとの中間の、まどろんだ状態にいました。そんなまどろんだ状態の中、ある瞬間、わたしは自分が生涯を通してやりたいことがなんなのかに、ふいに気づき、理解しました。

わたしはそれまで15年以上にわたり、メールマガジンや講演で話したり、ワークショップをやってきました。そして、一瞥の経験が訪れてからは、悟りというテーマについて自らの経験を表現することをしてきました。ですが悟りのことを伝えることが、わたしの本当にやりたいことなわけじゃないということも何処か気づいていました。

では、わたしはなにを本当にやりたかったのでしょう? わたしはこの日の夜、自分がこの人生を通して本当にやりたいことがなんだったのかに気づきました。

周りにあるなんでもないもの、たとえば花や植物、動物、コーヒーカップ……、そして周りにいる人たち、それら「あらゆるものの中にある神聖さや尊さ」――それに気づき感じる、そして自らの奥深いところから、「畏敬の念」が溢れてくる――そんな感性が目覚めたり、感性が養われること――、わたしは書いたり、話したりすることを通して、そのきっかけを作り続けてきたことに気づいたのです。そして、これまでずっとそうだったし、これからも生涯を通してずっとそれをやっていくのだと気づいたのです。日本には「八百万の神」という思想がありますよね。あらゆるものに神が宿っているという考えです。

わたしが人生を通してやりたかったのは、日常のなんでもないものの中にも、神聖さや高貴さ、尊さを見出し、そこから畏敬の念が溢れてくる。その感性が目覚めたり、養われるきっかけを、話したり書いたりすることを通して創作することだったのです。

かつてわたしの師は「ライフワークとは、どんな仕事をしているかという職種のことじゃないんだよ」と言っていました。作家だとか、画家だとか、音楽家だとか、医者とか、カウンセラーとか、セラピストとか、企業オーナーとか、投資家とか、そんな職種のことではないと言っていました。ですが、それがなんのことか、ずっとよくわかりませんでした。

それがこの瞬間、理解されたのです。わたしが生涯やっていくこと、わたしのライフワーク。それはあらゆる物の中に神聖さや尊さを見出し、畏敬の念が溢れてくる。その感性が目覚め、養われる、そのきっかけを、話したり、書いたり、セッションを通してやっているのだと――。

そしてその生き方は、仕事だけにとどまることなく、遊ぶときも、自然に触れるときも、動物に触れるときも、子供たちと過ごすときも、人生のあらゆることすべての根底に流れるものだと悟りました。それが理解された瞬間、わたしは生涯、もう迷う必要がないことに気づきました。生き方の根底がそれなのですから、なにをやっているのかは関係ないのです。

そしてもうひとつ、わたしは以前だったら考えられなかった、ものすごく大きな恩恵を受け取ることになりました。

わたしはいつも助けられている

よく精神的な世界観でゆだねるとか、導かれるとかいう言葉を耳にします。

でも、わたしたちの多くはこのことがわかるようで、何処かピンとこずにきましたよね。

わたしもすべてをゆだねて生きるようになったと言ったものの、まだ何処か完全には腑に落ちきらないのを感じていました。

また悟りの話題では、「すべてはただ起こっている」「自分がやっているわけではない」と言われます。わたしもこのことは、一瞥や脳梗塞のときの経験を通して、まったくそのとおりだということを知りました。起こることはただ起こり、自分の意思ではない――。これを知ると、自分ではどうにもできないんだって、思いを抱く人が大勢いると耳にはしていました。

そして年末年始に自らの闇と直面する中で、「ホントはなにひとつ思い通りになんかならないじゃないか！」と、ずっと感じていたことが、はっきりと表面化してきてもいました。

ところが、その思いが大転換したのです。ゆだねるとか、導かれるという概念はどちらかというと海外から入ってきたものなのか、わたしには何処かピンときにくいものがありました。

それが、自分が本当にやりたいことを理解してからのある日、親しくさせていただいている密教僧の方と話している最中、「神仏や弘法大師が……」という言葉を耳にしたとき、それまでピンとこなかったものがふいに腑に落ちたのです。

もともと幼い頃、毎朝お経を読む祖母の姿を見ていたり、お寺の境内で子供の頃遊んだりしていたわたしには、仏教的な言葉や世界観が、親しみがあったのかもしれません。

それまで腑に落ちきらなかったのが、ストーンと落ちたのです。「あ、わたしってホントに加護を受けている！」「ものすごく助けられているじゃないか！」と、ホントにストーンと腑に落ちたのです。それ以来、たとえば映画を観て、すごく深い気づきを得たときも、「この映画を観るように、映画館に連れてきてもらった！」とか、以前だったら大失敗してしまったような場面でも、「あ！今、失敗しないように気づかせてもらった！」と、はっきりと助けられていることが、こころから実感できるようになりました。また、今まででは考えられないような大きな仕事が向うからやってくるようになったり、それまでは起こらないことが起こるようになりはじめました。

人生最大の課題がクリアされ、根底から大転換をしたのです。これはわたしにとっても、わたしの周りの人たちにとっても、本当に嬉しい、奇跡のようなサプライズの変化となりました。

新しい人生がはじまったのです。

悟りとは結局なんなのでしょう？

わたしは悟りという言葉を知り、それを追い求めました。

ですがあらためて、悟りとはなんなのでしょう？　結局、悟りとはなんなのでしょう？
わたしはさまざまな文献に目を通したり、師や賢者たちに「悟りとはなんでしょう？」と問うてきました。ですが、「わたしの見解では……」という言葉はあっても、「悟りとはずばりこういうものです」という明快な答えに出会ったことは、わたしにはありません。

太古より賢者たちは、悟りに関する（周辺の）ことは話しても、悟りそのものについて話すことはけしてありませんよね。「それは言葉には出来ないもの」「言葉にした瞬間に、違うものになってしまうもの」と言われてきました。人は同じものに触れても、それぞれに見える世界、聴こえる世界が違い、解釈に違いが生じるものですよね。ゆえに、悟りそのものを言葉にし、定義した瞬間に、そこには混乱が生まれ、真意からずれた間違いが生じるのでしょう。

わたしは、悟りという概念を知ったときから、悟りなるものを何年にもわたり追い求めました。そして一瞥や脳梗塞などの経験を通して、それまでの常識の枠を越えた経験をし、そのたびに信じ込んでいた常識（概念）が破壊され、目が覚まされるような形で、体験からの理解を経験してきました。わたしはおそらく間違いなく、なんらかの領域に足を踏み入れたのだとは思います。ですが「これこそが悟り」と明快に言葉にすることは、わたしにはできません。

しかし経験してきたことについて、ひとつ明快に言えることがあります。それは、わたしが幼い頃から感じてきた「人は生涯成長し続けるもの」というものです。わたしは悟りという言葉と出会う以前から、そして出会ってからも、この言葉を、図らずも生きていました。

愚かさに気づき、目が覚めさせられ、あらためさせられる。そして新たな景色が目の前に広がる。

それは般若心経というお経の一説の中にみてとれます。般若心経に「ぎゃあてぃぎゃあてぃはらぎゃあてぃ……」という言葉が出てきます。この言葉が指し示す意は（諸説ありますが）、「行ける者よ　行ける者よ　彼岸に全く行けるものよ……」と言われます。

そして悟りには、はじまりはあるが終わりはないと言われます。

歩み続ける（変化、変容、成長し続ける）。

そこに「それ」があり、それこそが「それ」なのかもしれません。

最終章

新しい生き方・本質の生き方

ある朝目が覚めてふと思う。
目が覚めた、さて今からどうしよう？
空を眺めながら、ふとそんな思いが浮かんできた。

オレンジの光

目が覚めて、そしてそこからわたしたちは、どんな生き方をしていくのでしょう？　最後の章では、わたしが体験したある出来事をお伝えしようと思います。この体験は、これからの生き方、生き方の本質を、わたしに指し示してくれました。

あれは２００９年の秋のこと、わたしにまだ一瞥の体験が訪れる前のことでした。この時わたしは、ちょうど東京に出張中でした。わたしは東京在住の友人に連絡を取り、久しぶりに食事をしようと誘いました。そしてわたしたちは六本木で待ち合わせ、彼のお勧めのアジア料理のお店へと行きました。おいしい料理をつまみながら、わたしたちは懐かしい話や近況、これからどうしようと思っているかなど、いろんな話に花を咲かせていました。そんな最中、ふいに彼は思い出したように、こう切り出したのです。

「そうだ！　マスター、パーティーに誘われているんだけど、マスターも一緒にどうですか？」

「パーティー？　どんなパーティー？」

わたしが聞き返すと彼は、俳優や映画監督、作家、音楽家、モデル、アスリート、芸能人などの集まりで、一般の人は入れないパーティーだと答えました。そして彼の紹介でそのパーティーに入れる、というのです。ミーハーなわたしは(笑)、「そんなの、行くに決まってるじゃない！」

と即答していました。

連れて行かれた会場は、表参道のお洒落なビルの、大きな地下ホールでした。ホールへの入り口は、ビルの一階と吹き抜けになっていました。そして吹き抜けの手すりのところには、たくさんの群集ができ、「なんだなんだ」「いったいなにをやっているんだ」と騒いでいます。わたしたちはその群集を掻き分け、地下ホールへの階段を下りていきました。群集の中を通っていく最中、わたしはなんだか自分が選ばれた特別な存在のように感じ、優越感のような気分を味わっていました。「どうだい、俺は特別だから、ここに入れるんだ」みたいな。お馬鹿ですね(笑)。

さて、会場に着くと、そこはまるでディスコか？　クラブか？　というような状態でした。ガンガンと大きな音でダンスミュージックが流れ、何百人という人たちでいっぱいです。

わたしたちは入り口でシャンパングラスを受け取り、グラスを手に会場の中へと入っていきました。そこにはテレビや雑誌で見たことのある人たちが溢れていました。スポーツ選手、オリンピック選手、有名俳優、有名女優、映画監督、ミュージシャン。わたしは表面的には平静を装っていましたが、内心はテンションあがりまくりで、こころの中で「おー！　すごい！　すごい！」と騒いでいました。そんなときでした、友人に誘われ、あるグループのところに連れて行かれました。

そのグループの真ん中では芸能プロダクションの社長さんなのでしょうか、一人の女性が話していて、そのまわりにはたくさんの人たちが集まり、彼女の話に聞き入っていました。友人は彼女に、わたしを「友人です」と紹介してくれました。するとその女性は「あ、よろしく」と言って、わたしに名刺を一枚渡してくれました。この時わたしはどうも緊張してしまって、まるで新人営業マンが名刺を受け取るみたいな感じで、「あ、どうもよろしくお願いします」と硬くなりながら受け取ってしまいました。

そんな姿を見てか、その女性は「あ、こいつ素人か」というような視線でわたしのことを見たように感じました。それが本当だったかどうかはわかりませんが、わたしの目にはそう映ったのです。わたしはこころの中で「馬鹿にされたかも」という思いと、「しまった！ カッコ悪いことした」という思いが湧き上がりました。そして「この人、感じ悪い……」という反応が内に起こりました。そのように思いはじめると、彼女の周りに集まっている人たちも、彼女に取り入ろう、気に入ってもらおうとして集まっているようにしか見えなくなっていました。この時のわたしは、そのようにその場が見え、そのように感じ、そのように判断していました。わたしはその一団の雰囲気が気に入らず、その場を離れました。そして一人、会場の中を物珍しげに見て回ったのです。

その場にはホントにたくさんの、雑誌やテレビ、映画で観たことのある人々が溢れていました。彼らはあちこちで談笑し、集まって写真を撮ったりしていました。

そんな最中でした。異変が起こりました。気がつくとわたしは、とても奇妙なものを観ていました。会場にいる何百人もの人々、その人々の頭上にオレンジに光る雲のような、ボヤ～っとした光が浮かんでいることに、ふいに気づいたのです。

「なに？ これ……？」

わたしはふいに観えていることに気づいた光景に、そうつぶやいていました。それはとても不思議な感覚でした。「なにこれ?」と驚いているんだけど、とても冷静なのです。冷静に驚いているという不思議な、奇妙な、そんな感覚だったのです。わたしはそれまで、そんな体験をしたことはありませんでした。人には観えないものが観えるというような、特殊な能力はわたしにはありませんでしたし、今もそれは変わらないと自分では思っています。が、とにかくこの時は、会場の何百人という人たちの頭上に、オレンジ色の雲のような光が浮かんでいることに気づいたのです。

「なんだろう、これ」

わたしは冷静に驚きながら、その光景を見つめていました。

すると、やがてその光はある特定の形に変化していきました。最初ボヤ〜っとした感じの、雲のようなものだったのが、何桁もの数字の配列に変わったのです。それはオレンジ色に光る、電卓の数字のようでした。オレンジ色に光るその何桁もの数字は、会場の何百人もの人たちの頭上で、静かに揺らめきながら、うねりながら浮かんでいました。

わたしは驚きましたが、この時も興奮して驚くという感じではなく、ものすごく静かに冷静に驚いている、そんな感覚の中にいました。わたしはこの不思議な数字を観ている中で、ちらりと当時流行っていた漫画のことを思い出しました。その漫画では、その人の残りの寿命が頭上に数字として浮かんでくる描写が登場します。わたしはそれを思い出し、一瞬「これ、この人たちの残りの寿命?」、なんて考えが浮かんできました。ですがどこかで「そういうことじゃないな」と、直感的に感じてもいました。

「なんだろう、これ……？」

そう思いながら、しばしその不思議な数字をわたしは見つめていました。ところがある瞬間、「あ」と、その数字がなんであるかに気づいたのです。

自己価値の数字

わたしははじめ、「なんだろう？　この数字」というふうに、この不思議な数字を眺めていたのですが、観ているうちにふと、同じ数字でも人によって桁の大きさが違うことに気づいたのです。ある人は、「８７４５６８２７３２６」というように数字は大きいのですが、ある人は「０００００４２５」というように数字が小さい。そのことに気づいたのです。なにがこの数字の大小を分けているのでしょう？　わたしは観ているうちに、だんだんその違いがどこから来るのかに気づきはじめました。ある有名な女優の頭上には桁の大きな数字が並んでいました。ですがある一人の女性の頭上には、桁の小さな数字が並んでいることに気づいたのです。わたしはその女性に目が留まりました。その女性はどうやらモデルのようでした。そしてその女性の態度から、どこか卑屈な感じを感じました。

「あなたね！　わたしはこれでも、〇〇事務所に所属するモデルなのよ！」

そう言っているような雰囲気が漂っているのを、わたしは感じたのです。その瞬間、わたしはこの数字がなにを表しているのかに、ふいに気づきました。

「そうか、これ、自己価値を表しているんだ」

先の有名女優の頭上には、桁の大きな数字が並んでいました。そして態度がなんとなく卑屈な人、自分が正当に評価されていないと感じているように見える人、そんな人の頭上に浮かぶ数字は、桁が小さい。そのことに気がついたのです。

「そうか、この数字は、自分が人からどれだけ評価されているか、認められていると感じているか、それが自己評価となって、数字として現れているんだ」

そんなときでした。さらに驚くものを、わたしは目撃したのです。

数字のない人

わたしが会場の人たちの頭上に浮かぶ数字を「すごい、すごい」と（静かに）驚きながら観ていたとき、一人の女性がわたしのすぐ横を通り過ぎていったのですが、わたしは彼女を見て思わず驚いてしまいました。

頭上に……数字がないのです。他の人の頭上にはみな数字が浮かんでいるのに、その女性の頭上には数字がなにも浮かんでいないのです。わたしは驚きました。が、わたしを驚かせたのは、彼女の頭上に数字が浮かんでいないということだけではありませんでした。彼女は国民的な歌手のYさんだったのです。

「あ、Yだ！」

わたしは驚きながら、そう声に出していました。

彼女はわたしの横をスッと通り過ぎると、一瞬で群集の中にまぎれて見えなくなりました。わたしはそのことにとても驚きました。他の有名人は、どんなに目立たないようにしよう、話しかけられないよう、目立たないようにしようとしても、すごく目立ってしまうのに、Yさんは一瞬で群集の中に溶け込み、どこに行ったかわからなくなったのです。そしてもう一つ、Yさんに驚かされたことがあります。

それは彼女がものすごく「普通」だったということでした。なんというか全然目立たない普通さというか、オーラを感じさせないというか、とにかくものすごく「普通」だったのです。

他の有名人がすごく目立つ中、国民的な歌手である彼女は、まったく目立たないというか、ものすごく普通だったのです。わたしはそのことにものすごく驚きました。ですが本当に驚くことになるのは、この後だったのです。

天才の顕現

わたしは、会場のみんなの頭上に浮かぶ不思議な数字に驚き、そして国民的な歌手のYさんには頭上に数字がなかったこと、Yさんがものすごく普通であったことに驚いていました。

そんな中、ＤＪのアナウンスの声が聴こえてきました。そして今から、お待ちかねのライブの時間がはじまるということが伝えられました。

ホールの真ん中には、大きな円形の舞台が用意されていました。アナウンスの声を耳にすると、会場の人たちはいっせいにその舞台の方に目を向けました。わたしも舞台に目を向けました。するとそこに、先ほどのYさんが登壇してきたのです。

「あ、Yだ！」

わたしはこころの中で叫んでいました。舞台に上がってきたYさんは、さきほどまでのものすごく普通な、言い換えればとても地味な感じとは、違っていました。華のある、いつものYさんの雰囲気がそこには漂っていました。ですが、相変わらず頭上には数字がないのです。

やがて舞台には、Yさん以外にも何人かのミュージシャンが登壇して来ました。それはそれはそうそうたる豪華な顔ぶれでした。これからこの舞台で、彼等が一緒に歌うというのです。会場は興奮に包まれ、ものすごくテンションが上がりはじめました。ですがわたしは別のことに、驚いていました。

舞台に上がってきたミュージシャンたち、彼らの誰の頭上にも数字がないのです。誰一人、数字を頭の上に掲げた人がいないのです。が、本当に驚くのは、ここからだったのです。

それは、前奏がはじまった瞬間でした！　それまでまだどこか普通だった、Ｙさんの雰囲気が突然変わったのです。それはまるで、前奏がはじまった瞬間、スイッチが切り替わったかのような感覚でした。それも「パチン！」と、はっきりとスイッチの音が聴こえたと思うほどの、変化でした。それまでどこか普通な感じがしていたＹさん、それが一瞬でバーン！　とエネルギーが爆発し、それがビッグバンのようにバッと発散され、会場中に広がったのです。

その変化に、わたしは圧倒されてしまいました。

「すごい……」

舞台のミュージシャンの誰の頭上にも、数字はありませんでした。が、Ｙさんの存在感は別格でした。Ｙさんがこの舞台のリーダーのような、Ｙさんが舞台を最高のものにする立場をとっているような、そんな圧倒的な存在感を、わたしは感じていました。

その時でした。さらに驚くものを、わたしは目撃したのです。

舞台に立つＹさん、その足元から地面に向かって、地球の中心に向かって、太い大きな白い柱が降りていくのが観えたのです。数字が観えたときにも言いましたが、わたしは普段、特殊なものを観ることはありません（とわたしは思っています）。こんなものを観たのも、生まれてはじめてのことでした。わたしは、Ｙさんの足元から太い柱が、地面深くへと降りていくのを観ていました。そしてYさんは歌いはじめ、それに続いて他のミュージシャンたちも歌いはじめました。すると他のミュージシャンたちの姿にも、不思議な光景がみえはじめました。

ある歌手の頭上には、宙からくるくるとらせん状の白い帯が降りてきました。それはくるくると螺旋を描き、美しく回りながらその歌手の頭のてっぺんへと入っていきました。そして彼女が歌うと、その白い帯は、彼女の喉の辺りから外へと流れ出ていくのです。

また別の歌手が歌うと、波打つ一筋の白い帯が彼女の頭頂へと流れ込んでいきました。そして胸の中心辺りから、やはり一筋の白い帯となって、外へと解き放たれていくのです。わたしははじめ、これがなにを表しているのか、わたしはいったいなにを観ているのか、わかりませんでした。が、ある瞬間、「あ!」って、これがなにをわたしに伝えようとしているのかに、直感的に気づきました。

彼女たちの頭上には数字はありませんでした。わたしたちは普段、気づくこともありませんが、人にどう思われるか、人や社会にどれだけ認められているか、評価されているか、そのことがものすごく人生で大事なことになっています。そして人生の大半のエネルギーを、そのことに費やしながら、そのことにほとんど気づかず、気づいていないことさえも気づいていません。が、今舞台で歌う彼らは、そんなところにはいないのです。人や社会にどう思われるか、自分にどれだけ価値があるのか、そんなところに、今、彼らはいないのです。

今目の前で歌っている彼らは、歌と、音楽と一体となっている。そして彼らは、自分には価値などというものは、本来ないことを知っている。彼らは今、空っぽのパイプになっている。そしてパイプとなり、天から流れ込むものを、彼らというパイプ、彼らの個性を通して、この世界に表現しているのです。自分は空《から》になり、透明になり、パイプになり、彼らは今、天の、神の楽器になっているのです。

わたしはこの瞬間理解しました。

「そうか！　これが天才なんだ！」

新しい生き方・本質の生き方

わたしがあのホールで観たものはいったいなんだったのでしょう？　この話に「その白い柱って、スピリチュアルで言われるところの、〇〇の御柱ですか」というようなことを、聞かれたこともあります。ですがわたしは、大事なポイントはそれがなにかということよりも、「あの経験が、なにを示してくれたのか」というところだと感じます。

わたしたちの多くはこれまで、人や社会にどう思われるか、人や社会にどうしたら評価され、認められるか、受け入れられるか、ということがなによりも重要なことになっていました。そして人や社会に認められることによって、自分が価値のある存在かどうかを判断しながら、そのことに気づかないことさえ、気づかずにきました。ですがあの日、あのステージに立った彼らはそこではなく、自らは透明となり、パイプとなり、天（源）から流れ込むものを通し、神の楽器となっていました。そしてそれが天才なのだと、わたしに示してくれました。あのできごとは、そのことをこれ以上ないほどシンプルに、わたしに理解できるよう、あのような形でわたしに観せてくれたのではないかと思います。

マザー・テレサは「わたしはあなたのペンです。神よ、どうぞわたしをお使いください」と言ったといいます。まさにそれなんだなと、わたしは感じるのです。

あなたもこれまでに、ものすごく没頭して時間も忘れ、夢中で楽しんでなにかをしていたという経験があることと思います。

その最中は、やっているということも忘れ、自分というものも忘れ（消え）、ただそれと一体となり、そのものになっていたのではないでしょうか。そしてそれは深い満足があり、同時に非凡な成果へとつながったという経験をされた方も、少なくないのではないかと思います。

わたしもこんな経験があります。

あれは悟りという言葉と出会う、ずっとずっと前のことです。

わたしはあるイベントで、司会のお仕事をさせていただくことになりました。人前で目立ちたいところのあったわたしは、自分から「やらせてください」と、その仕事に名乗り出たのです。わたしは当日を楽しみにしていました。ですが当日になって、舞台袖から会場をのぞいてみて、わたしは急に怖気づいてしまいました。会場には２０００人の人が集まっていました。埋め尽くされたホールを見た瞬間、わたしはものすごく緊張しはじめ、怖くなってしまったのです。鼓動は早くなり、胸は息苦しくなり、身体全体が硬直しはじめました。そして「ああ、なんでこんなことやるって、言い出してしまったんだろう」と後悔の念が浮かび出したのです。開演の時間が近づくにつれ、どんどん緊張し、心臓は口から飛び出してきそうな感覚でした。「やだ！　逃げ出したい」そんな思いもよぎってきたほどでした。

ところが、開演時間がやってきて、登壇の音楽がなりだした瞬間でした。心臓は飛び出しそうなほど早鐘を打ち、呼吸は荒く、胸は息苦しかったわたしの身体に、なにかが一瞬でピシッと入ってきたのです。

それはまるで頭のてっぺんから全身を貫く、まったく揺らぐことのない芯が通ったかのような感覚でした。するとその瞬間から、不思議なことに一切の恐怖心が消え去ったのです。あんなに心臓は早鐘を打ち、喉から飛び出しそうになっていたのに、目に見えぬ芯が身体を貫いた瞬間、一切の恐怖心は消え、身体は完全にリラックスしていたのです。そしてわたしは、こころの底から楽しんで司会の仕事をやりました。言葉は流れるように流暢に流れ出し、身体はスムーズに動き、見事なボディランゲージで表現し、こころの底からその仕事を楽しんでいたのです。

その時のわたしは、わたしでありながらわたしではありませんでした。「なにか」がわたしを動かしている、という感覚を感じていました。

仕事を終えた後、わたしが司会中にきっと噛むだろうと思っていた主催者は、「うますぎて面白くなかった（笑）」と冗談を言ってから、「すごく面白かった、楽しかった」と言ってくれました。

今から振り返ると、あれがわたしの、自覚がありながらパイプとなった最初の経験だったと思います。その後も文を書く中で、講演でお話しする中で、ワークショップなどのクラスをする中で、このような、わたしでありながらわたしでない経験が何度も起こってきました。

この、自分が透明になり、パイプとなり、流れ込むものの表現の「場」となる体験は、音楽や講演などの場だけで起こることではないと、わたしは感じています。仕事の中で、人とのコミュニケーションの中で、育児の中で、遊びの中で、人生のあらゆるすべての場で、それはこの世界に顕れてくるものだと感じるのです。

わたしたちは、わたしたちを通して、源がこの世界に自らを表現する「場」なのだとわたしは感じています。わたしたちはこれまで、自らを世界から切り離された個人、個だと思い込んできました。ですが本当は、わたしたちは、わたしたちという個性を通して、源が自らを表現し、この世界に創造を生み出す「場」だと感じるのです。わたしたちは神（源）の楽器であり、ペンであり、表現の、そして「創造の場」なのでしょう。

わたしたちはこれまで自我《エゴ》の条件付けされたプログラム、自動的な習慣に動かされながら、そのことに気づかず、人や社会に認められ、自らの正しさを証明するため、人と競争したり闘ったりしてきました。

また、自らを大したことのない存在と扱いながら、自らの正しさを証明しようとしたり、自分だけが輝こうとしたりして、知らないうちに孤独を味わったりしてきました。そしてそんな自動的なプログラムに踊らされながら、そうなっているということに、気づかないことさえ気づかずにきました。ですが多くの人々が、そんな自動的なプログラムの、自動的な繰り返しから目覚めはじめました。そして今、わたしたちは、源がわたしたちという個を通して、自らを表現し、創造を生み出す場、神の楽器として生きる可能性の場に立っているのだと感じます。

わたしは誰にも、その人にしかない、その人だからこその天才的な才能というものがあると感じています。人々が長いプログラムという眠りから醒め、わたしたちという個を通して、源が表現する場、神の楽器となって、この世界に美しい旋律を響かせる。そしてそれが共振しあい、壮大なオーケストラが創造としてこの世界に奏でられる。それが新しい時代の、新しい生き方だとわたしは感じています。

そしてそれが、わたしたちの本質なのでしょう。

あとがき

最後までお読みいただき、本当にありがとうございます。

この本ではわたしがプロセスとして体験したことを、「体験談」として書かせていただきました。また、文体としてはわたしの体験談として書かせていただきましたので、一人称としての「わたし」、個人としての「わたし」の体験となっています。

かつてお世話になった禅の老師は、わたしにこう言いました。

「いいかい、体験したことだけを話すんだよ」と。

わたしは当時も、説明や教えるということではなく、自ら体験したことを話したり、書いたりするよう努めていました。ですので、なぜそう言うのか不思議に感じていました。ですが今になって振り返ってみると、わたし自身、自分では実際には見ていない、体験していないどこかで聞いてきたことを真実だと信じ込み、自らを振り回してきたことに気がつきます。ある覚者が「鵜呑みをやめれば、それだけでずいぶん生きやすくなる」と言っていたことがありますが、わたしもそのとおりだと、自らの体験を振り返ってみて感じます。

体験が、知恵という血となり肉となり、人生に活かされる。それが経験だと感じます。

体験、経験を話す。これはとても簡単なことのようにみえて、実はとても奥深く、難しいものであることを、今回この本を書く中であらためて感じさせられました。というのもあらゆるところに、マインドの主観、判断、断定、仮説が入り込もうとするからです。たとえば体験が大事と耳にしたとしたら、体験そのものを話すのではなく、ついついマインドは「体験が大事なんですよ」という概念を話したくなってしまったりします。そしてマインドは触れた概念、観念に反応し、主観という解釈の構造を通り、判断、断定し、鵜呑みにしたり、反発しようと働いたりするのを、自らのマインドを観る中で気づかされます。

賢者は悟りについて話す「言葉」について、それを、月を指す「指」にたとえます。

悟りの「経験」を月とするなら、悟りに関して話される言葉は、月を指す「指」のようなものです。指は月を指し示しますが、指はけして月ではありません。わたしたちのマインドは無意識のうちに、いつの間にか月ではなく指の話題に興じます。体験そのものではなく、概念、観念を、論じ、分析し、正しい、間違いと論じるよう働こうとします。ですがそれは言葉のことであり、月を指す指がけして月にはなり得ないように、言葉もけして体験、経験そのものにはなり得ません。今回この本を書かせていただく中で、とくに気をつけたのが、体験が「どこを指し示しているか」ということでした。体験は月を指す指であり、その体験がどこを指し示しているか、そのことに注力するよう努めました。このわたしの体験談が、目覚めをより深めつつある方々の、また目覚めつつある方々の、そしてこれから目覚めゆく方々の一助になれば幸いです。

この本の最終校正をしていたある日のこと、友人と話している中で、こんな質問が友人から出てきました。「マスターの本当に伝えたいことって、なんですか？」

そうしたらふっと浮かんできたのが、次のことでした。

喧嘩したり、なにかに腹を立てている最中に、「ちょっと待て、自分がしたいことはこんなことなんかじゃないよ」「こんな気持ち、ちっとも楽しくなんかない」とハッと我に返る、それが目が覚めるということなんじゃないかと思います。

「喧嘩したり、誰かをいじめたり、そんなことホントは少しも楽しくなんかないし、きっと誰だって、そんなことがしたいことなんかじゃない」「争いごとなんてしないで、みんな仲良くしようよ」。

小さい頃からずっと言いたかったこと。それが今この瞬間、誰にでも可能な「目が覚める」ということだとわたしは思います。

できればこの本は、思い出したときに、なにか気になったときに、気づくことがあったときに、そのたびに開いていていただければと思います。昔から「他で聞いてもピンと来なかったものが、マスターが書いたり話したりすると、なぜかすとんと腑に落ちた」という言葉をよくいただいてきました。それがなぜなのかは、わたしにも本当のところはよくわかりません。ですがある時この本を開いてみたら、以前よくわからなかったことが、なぜか腑に落ちていることに気づかれる体験を何度もされるかもしれません。どうぞそのように楽しんでいただければと思います。

そして最後に、ぜひお礼を申し上げたい方々がいます。

まず日本で世界の覚者たちの本を出版されているナチュラルスピリット様。そのナチュラルスピリットの今井社長とはじめてお会いしたとき、「ラマナ・マハルシの本は、どんなことがあっても絶対に絶版にはしない」と仰っていました。マハルシをはじめとした覚者たちの本が日本になければ、わたしたちは道半ばで、いったいどこに向かって歩いているのか、いったい今どこにいるのか、どんな迷い道、暗い夜道があるのかを知ることもできず、路頭に迷い、また迷路の中を彷徨ってしまったかもしれません。彼ら覚者の本を日本の地で、日本語で読めるようにしてくださっていることに本当に感謝の思いは尽きません。

そしてそんなナチュラルスピリット様にご縁をつないでくださった、やまがみてるお様をはじめとした、ご縁いただいた方々に心より感謝申し上げます。

そしてわたしが出会った師たち。影で支えてくれた家族、友人たち。

啓発の機会を与え、けして概念を教えようとするのではなく、自らの背中を見せてくれた師たちの姿、生き方、生き様に、心より感謝申し上げます。

そして、そんな出会いを与えてくれた人生そのものに。

2016年　春

濱田浩朱

◆ 著　者……………………………………………………………………

濱田浩朱　Hiroake Hamada

京都生まれ。幼い頃より「すべての本質はこれ以上ないほどシンプル」なはずと感じ、また「人は生涯学び成長し、進化するもの」と感じていた。また幼い日、この世界が幻想であることを垣間見、強い虚無感と恐怖を感じ、潜在的にその夢から覚めたいという思いを抱く。サラリーマンを経験後、自己表現する仕事をしたいと思い立ち東京へ。車（スポーツカー）が大好きだったことから、自動車専門誌の編集部に飛び込み、ライティング、撮影、編集などの表現に関する技術と勘を身につける。90 年代後半バーを経営、マスターとしてカウンターを通し、人間の心理や潜在意識、潜在能力に深い関心を抱くようになる。ふとした縁から出会った禅に惹かれ、そこから悟りという概念を知り、悟りに強く惹かれる。2010 年、2015 年にあるきっかけから、意識の「真理」に触れる体験をし、これまでの研究がより深まり、実践的なものへと変化する。現在は、講座やワークショップ、対面でのセッションを通して、人の潜在的な可能性がひらかれることをサポートしている。バーのマスターだったことから、マスターの愛称で呼ばれる。

ホームページ　http://re-mauna.com/st/

"わたし"が目覚める
マスターが体験から語る悟りのお話

●

2016年3月30日　初版発行

著者／濱田浩朱

編集・DTP／来馬里美

発行者／今井博央希

発行所／株式会社ナチュラルスピリット

〒107-0062 東京都港区南青山5-1-10　南青山第一マンションズ602
TEL 03-6450-5938　FAX 03-6450-5978
E-mail info@naturalspirit.co.jp
ホームページ http://www.naturalspirit.co.jp/

印刷所／株式会社暁印刷

ISBN 978-4-86451-197-1 C0010